# VOO DA NOVA VIDA

# VOO DA NOVA VIDA

História e ensinamentos do sobrevivente Carlos de Aquino

Karine Holanda

Labrador

Coordenação editorial Pamela J. Oliveira
Assistência editorial Vanessa Nagayoshi, Leticia Oliveira
Direção de arte Amanda Chagas
Projeto gráfico Vinicius Torquato, Amanda Chagas
Capa Osi Nascimento
Diagramação Emily Macedo Santos
Preparação de texto Monique Pedra
Revisão Iracy Borges

Dados Internacionais de Catalogação na Publicação (CIP)
Jéssica de Oliveira Molinari - CRB-8/9852

---

Holanda, Karine

Voo da nova vida : história e ensinamentos do sobrevivente Carlos de Aquino / Karine Holanda.
São Paulo : Labrador, 2025.
176 p.

ISBN 978-65-5625-802-7

1. Sobrevivência a acidentes aéreos 2. Aquino, Carlos de – Narrativas pessoais I. Título

25-0577 CDD 362.124

---

Índice para catálogo sistemático:
1. Sobrevivência a acidentes aéreos

**Labrador**
Diretor-geral Daniel Pinsky
Rua Dr. José Elias, 520, sala 1
Alto da Lapa | 05083-030 | São Paulo | SP
contato@editoralabrador.com.br | (11) 3641-7446
editoralabrador.com.br

*Para Leo, por embarcar comigo neste e em outros voos,*
*e por Aline, que me fez voltar a sonhar.*

# SUMÁRIO

# INTRODUÇÃO

Imagine-se a bordo de uma viagem empolgante para uma grande cidade, prestes a iniciar uma nova fase da vida após conquistar a sonhada promoção no trabalho. Tudo parece perfeito, até perceber que embarcou em um avião sem rumo, perdido acima da maior floresta tropical do mundo. Começa a contagem regressiva para a morte certa, a cada gota de combustível que se esvai. Em um golpe de sorte, você sobrevive ao choque violento contra árvores centenárias durante o pouso forçado, mas o desespero de cair do céu para o coração escuro da selva transforma-se em luta pela vida. Agora, é preciso resistir e encarar a proeza de passar dias sem acesso a água, medicamentos ou contato com a civilização, convivendo com a dor, o medo e a visão de corpos mutilados.

O *Voo da nova vida* contém relatos impactantes contados por Carlos de Aquino, um dos sobreviventes do voo 254 da Varig, que desapareceu na imensidão da selva amazônica, próximo de São José do Xingu, em setembro de 1989. O caso é conhecido na memória popular como o acidente aéreo provocado pelo piloto que supostamente se distraiu ouvindo o jogo do Brasil. O desfecho trágico do voo 254, porém, vai muito além desse folclore não comprovado. Na realidade, a simples falta de uma vírgula na leitura da rota do Boeing foi apenas o início de uma sucessão de falhas, coincidências e negligências, que resultaram em uma terrível experiência para as 54 pessoas a bordo. Totalmente perdidos no céu, já sem combustível, os pilotos tomaram a angustiante decisão de realizar um pouso de emergência, à noite, em terreno desconhecido. Entre os destroços, sucumbiram mães, pais, filhos, irmãos, famílias inteiras.

Ao grupo que milagrosamente permaneceu vivo, não houve alternativa senão agarrar-se à esperança de encontrar ajuda, em uma corrida contra o tempo. Escapar da floresta só foi possível graças a muita força de vontade, união, solidariedade e compartilhamento de saberes. Quem resistiu até a chegada do salvamento também aprendeu a sobreviver após o resgate, carregando o trauma de perder entes queridos e conviver com marcas físicas, meses de internação em hospitais e sequelas emocionais.

É inegável que situações extremas despertam os instintos mais básicos de sobrevivência.

Ninguém sabe do que é capaz para proteger a si e aos que ama. Superada a necessidade primária de sobreviver, surge o aspecto racional, em forma de aprendizado e crescimento. Apesar das diferentes personalidades e classes sociais presentes no avião, uma palavra indelével permeia todos os sobreviventes: mudança. Por isso, ao recontar essas histórias, a expressão "nascer de novo" pode parecer tão clichê quanto inevitável. Chegamos ao cerne do livro, que se propõe a ser menos uma descrição detalhada de um desastre e mais uma mensagem de esperança e transformação, atitude positiva e elevação espiritual.

Esta é uma história extraordinária de resiliência e superação, de quem passou por uma súbita mudança de rota que redefiniu completamente a vida. Além do testemunho de Carlos de Aquino, o livro se baseia em pesquisas bibliográficas e convida a uma viagem no tempo para entender o contexto de uma época sem *smartphones*, GPS e outras facilidades tecnológicas hoje tão comuns. O *Voo da nova vida* propõe-se não somente a narrar o chocante acidente, que ganhou repercussão internacional e mudou os protocolos da aviação, mas provocar reflexões sobre o sentido da vida e como cada pessoa reage a situações impostas pelo acaso. Afinal, todos estamos sujeitos a uma alteração repentina no curso da história e às ironias do destino, capazes de gerar uma cadeia de eventos, falhas e peripécias fora do nosso alcance.

Agradeço a Carlos de Aquino e a sua família por todo o apoio e incentivo para realizar o projeto, sem esquecer os amigos Egberto e Fernanda Lôbo, que foram a ponte para conhecer o nosso protagonista. Preciso também mencionar o jornalista Mauro Costa, cuja combinação de entusiasmo contagiante por aviões e análise cuidadosa enriqueceu a narrativa deste livro. Deixo ainda os meus agradecimentos ao professor e mecânico de aviões Gustavo Monastério e ao controlador de tráfego aéreo Evandro Freitas. Suas opiniões e sugestões foram brilhantes como as estrelas no céu.

A leitura já vai decolar. Assuma o controle daqui em diante, seja por gostar do tema aviação ou para buscar inspiração em exemplos de vida por meio desse acontecimento já desconhecido pelas novas gerações, mas capaz de trazer ensinamentos muito atuais. Espero que em cada página você sinta o mesmo impacto que tive ao ouvir o relato do Aquino. Esse é, sem dúvidas, um dos mais fascinantes casos da aviação com reflexões sobre a natureza humana, tantas são as histórias dentro de outra história.

# PREÂMBULO

O silêncio só não era absoluto devido ao fúnebre assobio do vento. A vida não poderia acabar assim. Pensou na mulher e nas duas pequenas filhas. O que seria delas? Fez uma última oração, enovelou o corpo e preparou-se para o impacto. "Preparado" não era a palavra correta. Ninguém está realmente preparado para isso. O medo do desconhecido afeta a todos, crentes ou narcisistas, otimistas ou existencialistas, idealistas ou céticos. Talvez nada seja motivo de maior angústia do que a possibilidade do fim, pois é onde o desconhecido começa. E o fim parecia próximo...

# PARTE I

Em consideração aos leitores, tingimos de cinza os parágrafos que abordam detalhes de situações de dor e sofrimento ou outro conteúdo perturbador. A escolha de não ler esses trechos não prejudicará a compreensão da narrativa como um todo.

## CAPÍTULO 1

# UMA ROTA EM ASCENSÃO

Passava das 8 horas da manhã naquele preguiçoso domingo de 3 de setembro de 1989. Carlos de Aquino acordou sossegado, feliz, apesar da ligeira ressaca e da sensação de ardor na garganta. Aos poucos, as lembranças da noite anterior retornavam à mente: para comemorar a promoção no trabalho, gastara a voz cantando todos os sucessos de Moraes Moreira. O renomado artista baiano era a atração principal a encerrar o festival de música mais famoso da Princesa do Tocantins — um dos vários apelidos da cidade de Imperatriz. Também conhecida como Portal da Amazônia, Imperatriz despontava como o segundo maior centro econômico e populoso do Maranhão. Nessa aristocrática — pelo menos no nome — localidade, a farra de Aquino com os amigos havia esticado depois do show, regada a cerveja e a uma dose de tiquira — bebida indígena destilada 100% brasileira — oriunda da típica mandioca.

No bar, as conversas giravam em torno da apresentação de Moraes Moreira, interrompida subitamente devido a uma queda de energia, que deixou às escuras não só o Festival Balneário da Estância do Recreio, mas quase toda a cidade. Em respeito ao público, o ícone dos Novos Baianos continuou no palco e ofereceu um show acústico intimista, de voz e violão.

Enquanto os amigos relatavam o episódio e recordavam outras aventuras, alguém propôs um brinde de despedida ao Aquino, que em poucas horas se mudaria para Belém do Pará para assumir o novo posto de trabalho. Um incômodo sobreveio ao peito do homenageado e ele sentiu uma enorme vontade de responder, enfático:

— Não é minha despedida, não! Eu vou voltar, e a gente ainda vai celebrar muitas e muitas vezes.

Pediram uma última rodada de cerveja. Enquanto saboreava os derradeiros goles dourados daquele dia, Carlos de Aquino pensou na fabulosa oportunidade profissional que recebera. Com apenas 27 anos de idade, fora alçado ao cargo de supervisor de vendas de uma gigante multinacional de cigarros. Era uma posição de destaque, em uma grande capital, e ele estava determinado a fazer história na Souza Cruz. Tinha certeza de que era apenas uma questão de tempo até as portas se abrirem para oportunidades ainda maiores.

Nada viera de graça, sabia bem. O esforço precisava correr até alcançar a mão da sorte, para então caminharem juntos. Nos tempos de faculdade de Economia, Carlos de Aquino já se destacava no quesito empenho e dedicação. Ainda estudante, fora chamado para uma entrevista de emprego na multinacional, conquistando vaga como auxiliar de vendas. O rapaz tinha mesmo vocação para negócios e, mesmo sem nunca ter colocado um cigarro na boca, entendia do produto como poucos, colecionando bons resultados. Em questão de meses, passou de trainee de vendas a supervisor interino e, finalmente, a supervisor titular de uma filial no interior. E assim, o maranhense, nascido na pequena Vargem Grande, continuava a dar passos cada vez mais largos.

A cidadezinha natal, distante 170 quilômetros de São Luís, ou pouco mais de 2 horas de carro pela hoje asfaltada BR-222, era de difícil acesso na década de 1970. Naquela época, o menino Carlos de Aquino levava o dobro de tempo para percorrer o mesmo trajeto em estrada de piçarra. Aquino era o típico garoto do Maranhão, um estado formado pela intensa miscigenação entre indígenas, europeus e, principalmente, negros africanos, que deixaram fortes marcas na música e nas manifestações culturais daquela região, situada às portas da Amazônia — o elo entre o clima semiárido do Nordeste brasileiro e o úmido da Região Norte.

Apesar da aparência modesta das moradias, Vargem Grande vivia cercada pela vasta riqueza e fartura da natureza. Em cada quintal, era possível ver criações de animais e plantações de arroz, mandioca ou milho e, aqui e acolá, de feijão. Outras famílias sobreviviam da fabricação de couro e redes ou trabalhavam nas usinas produtoras de óleo de babaçu. Essa amêndoa era tão abundante que parecia brotar do solo e das mãos das mulheres quebradeiras de coco.

Contudo, o precioso óleo não representava o único tesouro econômico a escorrer pela densa mata de cocais. O avô de Carlos de Aquino, um dos beneficiadores dessa palmeira da qual tudo se aproveita, atuava no comércio de exportação de outros derivados do babaçu, como a casca e a palha, que serviam para múltiplos usos, desde ingredientes para cosméticos até matéria-prima para confecção de cestas e outros tipos de artesanato.

Seguindo por um caminho bem diferente, o pai de Carlos de Aquino não vivia das coisas da terra, preferindo abraçar a burocracia e a carreira política. Como tabelião do cartório da cidade e figura proeminente em Vargem Grande, chegara a assumir o cargo de prefeito naquele pequeno município. Quando o jovem Carlos completou 10 anos de idade, o patriarca da família decidiu que já era hora de enviar o menino para a capital maranhense, a fim de continuar os estudos. Uma escolha natural a todos que nasciam no interior e buscavam melhores oportunidades de vida. Se havia algo que Tomaz de Aquino podia legar aos nove filhos, além de uma forte base religiosa, era a educação. E para isso não poupava esforços.

Penúltimo rebento, Carlos de Aquino sofrera o choque de deixar o interior para morar na selva de pedra da grande cidade. Distante dos pais, o menino bochechudo e de óculos redondos, criado solto pelas ruas de terra batida de sua bucólica cidade natal, agora passava os dias enfurnado dentro da casa da família em São Luís, sempre muito protegido pelos irmãos mais velhos. À medida que os rapazes concluíam a faculdade e se mudavam para outros estados, crescia a convivência e proximidade de Carlos com as irmãs, que lhe faziam todos os mimos e vontades.

A rotina da vida urbana era completamente diferente daquela do campo. Acabara a liberdade descompromissada de correr ao ar livre, tomar banho de açude, jogar bola depois da aula e encerrar o dia com uma partida de queimada, esporte típico entre as crianças do Maranhão. Das brincadeiras comuns entre meninos, só não gostava de caçar timbiras e outros seres alados. Sentia pena dos bichos. Essa compaixão não o impedia de aprontar outras travessuras, como no memorável episódio em que precisou mergulhar de cabeça em um tanque de água para escapar de um ataque de marimbondos furiosos, cuja casa havia sido destruída por um estilingue.

Mas nada proporcionava maior alegria a Aquino do que reunir as crianças e contar histórias inventadas por ele. Um dia, teve a ideia de recolher o papel celofane das carteiras de cigarro descartadas pelo pai e por outros jogadores após uma partida de buraco. Recortou e colou os pedacinhos de papel para formar uma longa tira, desenhou uma história de caubói por cima da colagem, enrolou em uma bobina de máquina de costura e colocou na caixa de sapatos junto com uma lanterna. Estava montado o cinema, com direito a bilheteria e um público entusiasmado para ouvir Carlos de Aquino narrar o filme, enquanto girava o rolo e projetava as imagens na parede.

Esse tempo bom e ingênuo ficou guardado no baú das recordações de infância. Nas férias escolares, Carlinhos sempre voltava ao recanto de Vargem Grande, para reencontrar os amigos e acompanhar a mãe pelas missas e procissões da cidade. Dela também herdou o costume de rezar o terço, pois Dona Elenir não deixava nenhum filho sair de casa para viajar sem antes cumprir esse ritual sagrado.

E aqui estava ele, tantos anos depois e a poucas horas de embarcar no voo para o novo emprego, repetindo o velho hábito aprendido com a mãe. Enquanto se ajeitava na cama para iniciar a oração matinal, virou-se e contemplou o outro lado vazio. Dolores já havia despertado para preparar o café da manhã das crianças.

## CAPÍTULO 2

# O JOGO TURBULENTO

Era uma manhã como tantas outras. Pelo rádio, Dolores ouvia as mesmas notícias: a inflação continuava fora de controle no último ano do governo Sarney e a população estava cansada e descrente de sucessivos planos econômicos fracassados. Na propaganda eleitoral, candidatos se revezavam em um desfile de propostas para resolver os problemas sociais de um país com altos índices de analfabetismo. No fim do ano ocorreria a primeira eleição direta para presidente após a ditadura militar. Alguns nomes nas pesquisas já eram conhecidos: Leonel Brizola, Ulysses Guimarães e Paulo Maluf estavam na política desde que Dolores se entendia por gente. Ela também ouvia falar do líder sindicalista Luiz Inácio Lula da Silva e de outro político das Alagoas, Fernando Collor de Melo, que prometia acabar com a corrupção e se autodenominava "o caçador de marajás".

No mundo, o panorama também era turbulento. A União Soviética entrava em colapso e a crise dos refugiados da Alemanha Oriental se intensificava. Explodia uma onda de revoltas e protestos contra a segregação racial na África do Sul. Na vizinha Colômbia, mais um atentado era promovido por narcotraficantes do Cartel de Medellín. Em meio a tanta agitação, o futebol surgia como alento para esquecer as instabilidades, embora a Seleção Brasileira também não estivesse em seus melhores dias. O time passava sufoco nas eliminatórias para a Copa de 1990 e precisava de uma vitória ou um empate naquele domingo para se garantir na competição.

Se o Chile vencesse, o Brasil estaria pela primeira vez fora de uma Copa do Mundo.

O futebol podia ser a paixão nacional, mas a grande paixão de Dolores eram as novelas. Depois de acompanhar "O Salvador da Pátria", estava envolvida na trama de "Tieta". O último capítulo havia terminado de forma eletrizante, mas era preciso segurar a ansiedade e aguardar até segunda-feira para conferir o desenrolar da história. Enquanto esquentava o café e refletia sobre as tarefas do dia, um choro repentino a tirou de seus pensamentos. Rapidamente, Dolores atravessou a sala em direção ao quarto, onde encontrou Adriana acordada e choramingando dentro do berço. Ao acalentar a bebê, sentiu outra criança agarrar a barra de sua saia. Era Juliana. A menina olhava para cima, os olhos grandes e expressivos buscando conforto materno. Obviamente as duas filhas estavam bem acordadas e cheias de energia. Dolores segurou Adriana em um dos braços e, com o outro, puxou Juliana pelo longo corredor que atravessava a casa até o quintal.

Estava feliz com a perspectiva de se mudar para uma grande capital como Belém, acompanhando o marido, mas sentiria saudades daquela casa espaçosa onde havia compartilhado o começo do casamento e boas recordações de churrascos alegres com os amigos. Dolores sabia que não podia ficar apegada a lugares. Com a carreira do companheiro em ascensão, ela pressentia que logo estariam de mudança. Quando soube da promoção de Carlos de Aquino, combinou com ele que permaneceria em Imperatriz com as meninas até o fim do ano e o término das aulas de Juliana. Passar esse período sozinha com as crianças não era assustador para Dolores. Já estava acostumada com as viagens de Aquino, que frequentemente era chamado para substituir gerentes em outros locais.

Havia muito o que organizar. Os dois já haviam planejado todos os detalhes da mudança, com a cumplicidade e confiança de um casal que se conhecia desde a infância. Carlos de Aquino, que um dia a chamara para ser sua parceira de dança naqueles festejos juninos de Vargem Grande, não a soltaria mais.

## CAPÍTULO 3

# DE IMPERATRIZ A MARABÁ: O INÍCIO DE UMA CONEXÃO IMPENSÁVEL

Naquele domingo, poucas horas antes da viagem, Aquino se empanturrou de galinha caipira, um de seus pratos favoritos, durante animado almoço na casa do amigo Ananias. Depois do banquete, voltou para casa apenas a tempo de pegar a mala e seguir rumo ao aeroporto, para não dar margem a atraso. Perder o voo significaria embarcar em outro somente no dia seguinte e faltar justo ao primeiro dia de trabalho.

Quem conduzia o Fiat Uno, adquirido recentemente por meio de um consórcio, era Dolores. Para chegar mais rápido ao aeroporto, ela pegou um atalho de acesso à BR-010, sem desviar a atenção das duas meninas que brincavam no banco de trás. O som dos Bee Gees ecoava no toca-fitas, e Juliana se divertia escutando o pai a imitar o famoso trio de maneira engraçada, com sua voz profunda de barítono. Apesar de ter nascido na terra do reggae e do bumba meu boi, Carlos de Aquino também apreciava as músicas de discoteca, além de rock nacional, que estava a todo vapor, capitaneado por bandas como Legião Urbana e Os Paralamas do Sucesso.

Domingo costumava ser o dia mais movimentado no saguão, com pessoas indo e chegando, parentes se abraçando, crianças correndo. Desfilavam pelo terminal aéreo calças de cintura alta, blusas de babados e mangas bufantes, seguidas de maxibrincos coloridos e cabelos volumosos, característicos da moda dos anos 1980. Aquino vestia uma camiseta listrada em tons de marrom, combinada com sapatos da mesma cor. O jeans de corte reto completava a composição, um visual confortável e moderno para um jovem pai de família dos anos 1980.

Mesmo para os padrões agitados de domingo, havia um alvoroço atípico no aeroporto. Eram os fãs do cantor Moraes Moreira, que tentavam se despedir do ídolo na entrada do salão de embarque. Ao chegar a essa área, Carlos de Aquino deu um beijo nas três mulheres de sua vida e, antes de se despedir, olhou mais uma vez para a serena Dolores. Pensou no quanto era um homem abençoado por ter construído uma bela família.

Tudo transcorria bem até ali. Aquino apresentou somente seu cartão de embarque no guichê, sem necessidade de qualquer outra documentação ou exigência de foto. Não era hábito, naquela época, conferir se o nome da pessoa que embarcava era o mesmo que constava no bilhete. Ao empregado da companhia bastava conferir as informações do voo. Com check-in realizado e bagagem despachada, Aquino carregava na mão apenas uma pasta de trabalho. Olhou para o painel e conferiu o horário do voo, dentro do previsto. Enquanto aguardava o embarque, o economista via pela TV de uma lanchonete os preparativos para o início do jogo da Seleção.

O trajeto do saguão até a aeronave era feito a pé pela pista do aeroporto, no calor e mormaço de um clima tropical de 35 graus. À frente de Aquino, destacava-se o Boeing 737 da Varig, com as inscrições PP-VMK gravadas na fuselagem. Esse código equivalia à "placa de carro" dos aviões.

Simpáticas comissárias de bordo, com uniformes azul-marinho, davam as boas-vindas ao voo RG-254. Os dois primeiros caracteres identificavam o nome da companhia. A Viação Aérea Rio-Grandense, ou simplesmente Varig, era a mais tradicional empresa aérea brasileira, uma das pioneiras do país e maiores do mundo. Fundada em 1927, era também conhecida pelo farto serviço de bordo, que em alguns voos de primeira classe servia iguarias como caviar e até churrasco no espeto, com amplo cardápio de quitutes.

Propaganda da Varig com o modelo de Boeing 737 e rota similar à do acidente. (Imagem: Jornal *A Crítica*, 14/01/1975, p. 5.)

Viagens curtas não significavam menos regalias aos passageiros. Após colocar a bolsa de trabalho no bagageiro e acomodar-se na poltrona 14C, Aquino teve acesso ao menu, com três opções de carnes para o jantar, além de carta de bebidas, incluindo vinho, uísque e cerveja. Sua poltrona era de corredor, pouco atrás da saída de emergência. Ao lado dele estava Odeane, a Déa, uma jovem de 19 anos que deixara o filho ainda bebê aos cuidados da mãe, para passar uma temporada no Amazonas. Lá, ela encontraria o marido, que estava trabalhando na construção da Hidrelétrica de Balbina. Cheia de sonhos, Déa imaginava uma nova vida, enquanto olhava para uma mulher que acabara de passar por sua fileira, carregando uma criança de idade semelhante à do filho que ficara para trás. Essa mulher era Cleide Paiva, levando nos braços a pequena Thais.

Pela cabine do avião transitavam outros rostos anônimos, pessoas que nunca se conheceriam, não fosse a causalidade que estava prestes a acontecer. Conterrâneo de Carlos de Aquino, o funcionário público Marcionílio Pinheiro Filho trabalhava na Petrobras e tinha uma filha quase da mesma idade da caçula de Aquino. O motivo da viagem — a conquista de uma nova função no trabalho — era outra coincidência que o aproximava do economista. Havia ainda o engenheiro Epaminondas Chaves, cuja figura Aquino já visualizara outras vezes nessa mesma ponte aérea. Paraense de 36 anos, Epaminondas tinha negócios no Maranhão e residências no Pará, e transitava toda semana entre esses dois lugares. Apesar de compartilharem o mesmo voo frequentemente, Epaminondas e Aquino jamais haviam conversado.

Em Imperatriz, também subiu o garoto Afonso Saraiva. Aos 19 anos, era a primeira vez que entrava em um avião. Estava acompanhado da irmã, Regina, e da sobrinha, Ariadne, de apenas 5 meses de vida. A família ia para Belém, de onde pegaria outro voo até Macapá. Estavam de mudança e carregavam bagagem volumosa, contendo desde utensílios domésticos e aparelho de TV até um filhote de chihuahua. Afonso tentaria a vida no garimpo com o marido de Regina, que já havia partido na frente em busca do desejo de fazer fortuna.

Outros que embarcaram no mesmo voo para tentar o sonho do eldorado foram Newton Coelho, José Gomes da Silva e Manoel Alencar. Com idade mais avançada e sem tantas preocupações na vida, o empresário Wilson Alencar, dono do Café Três Poderes, apenas olhava para o relógio. Gostava de cronometrar viagens, um hábito que adquiriu quando tirou carteira de piloto, nos idos de 1950. Nunca abandonou o hobby de fazer sobrevoos com aviões pequenos nas suas propriedades em Mato Grosso.

Sem tanta experiência em transportes aéreos quanto Wilson, as irmãs Cleonilde e Enilde de Melo, duas mulheres solteiras na casa dos 50 anos, conversavam animadamente o tempo todo. Moradoras de Fortaleza, eram amigas inseparáveis e viajavam de férias para Manaus, com planos de comprar equipamentos eletrônicos a preços atrativos na Zona Franca.

Por coincidência, outra dupla de irmãs, Rita e Elza Gasparin, embarcara com o mesmo propósito. Elas haviam percorrido 170 quilômetros de carro, desde a cidade de Ligação do Pará, onde moravam, até Imperatriz, para dali pegar o voo até Belém com escala em Marabá e, em seguida, uma conexão até Manaus. Esperavam, depois de todo esse esforço, conseguir bons produtos para revender em Ligação, que contava com um mercado consumidor crescente, impulsionado por famílias enriquecendo à custa da exploração da madeira.

Entre os últimos passageiros a embarcar em Imperatriz no voo 254 da Varig, estavam Antônio Farias, gerente de uma avícola em Imperatriz; a maranhense Maria Delta Cavalcante, dona de casa de 41 anos; e a comerciante Hilma de Freitas, uma mulher batalhadora que sustentava quatro filhos como sacoleira, comprando roupas em São Paulo e revendendo em Roraima.

Finalizada a movimentação de pessoas pelo corredor, Carlos de Aquino notou uma figura peculiar. Era o nissei Shiko Fukuoka, um homem de ascendência japonesa. Sentado na fileira ao lado do economista, ele se agarrava a uma maleta preta, estilo 007. Aquino saberia depois que a valise continha 3,6 mil dólares, economizados após uma temporada de trabalho como mecânico de autopeças no Japão. Shiko chegara ao Brasil e pegara o voo em Uberaba com destino a Belém, onde moravam os quatro filhos, que faziam parte de uma grande comunidade de descendentes de japoneses estabelecidos no Pará.

Também vinha de Uberaba outro mecânico, José de Jesus Manso, cujo nome não constava na lista de passageiros. A passagem havia sido emitida em nome do patrão, que desistiu de última hora da viagem e enviou o funcionário em seu lugar. Embarcar com o bilhete de outra pessoa era uma prática aceitável e relativamente comum naquela época, quando viajar de avião constituía um luxo raro e os controles de acesso eram mais tolerantes.

A bordo do RG-254 havia ainda um grande grupo familiar oriundo de Goiânia, composto pela empresária Josete Fonseca, as duas noras, Kátia e Liceia Melazo, além de três netos. Giuseppe, de 3 anos, e Bruno, de 1 ano e 8 meses, eram filhos de Kátia, enquanto Débora era filha de Liceia. Josete, uma empreendedora que construiu do nada a famosa rede de churrascarias Rodeio, tinha como objetivo reunir todos os parentes em Belém para comemorar o primeiro aniversário de vida de Débora, em uma grande festa que prometia ficar marcada na história da cidade.

Por fim, três passageiros vindos de Brasília completavam a lista do voo "pinga-pinga" da Varig, com destino a Belém: o advogado Fidelis Rocco, a engenheira Maria de Fátima Nóbrega e o italiano Giovanni Mariani, técnico industrial a serviço no Brasil. Esse tipo de viagem curta passando por cidades distantes das grandes metrópoles também era chamado de "mata bicha" pelos que trabalhavam na aviação — uma alusão pejorativa aos gays que supostamente se tornariam comissários na expectativa de viajar para destinos turísticos mundiais, mas acabavam deparando-se com a realidade desgastante e nada glamourosa de um trajeto de múltiplas escalas pelo interior do país. No caso do voo 254 da Varig, a aeronave iniciou sua jornada às 9h40 daquela manhã em Guarulhos, em direção à capital paraense, com mais seis paradas intermediárias: Uberaba, Uberlândia, Goiânia, Brasília, Imperatriz e Marabá.

## CAPÍTULO 4

# O VOO "PINGA-PINGA"

Naquele 3 de setembro de 1989, o comandante Cézar Garcez e sua tripulação assumiram o Boeing 737 em Brasília, por volta das 2 horas da tarde, com a missão de chegar à capital paraense até o pôr do sol. O avião havia começado o dia em Guarulhos, com outra tripulação, e seguira em uma rota "pinga-pinga", até pousar no Aeroporto Internacional Presidente Juscelino Kubitschek, no Distrito Federal, para as mãos de Garcez.

Apesar dos 32 anos de idade, Garcez já era um profissional experiente, formado pelo Centro de Formação de Pilotos Militares e acumulando no currículo quase 7 mil horas de voo. Natural de Santa Maria, no Rio Grande do Sul, escolhera o Rio de Janeiro como residência e se esforçava para disfarçar o sotaque gaúcho. Morava sozinho em um amplo apartamento na Zona Sul e seu maior passatempo era a praia. Gostava de nadar, correr, cuidar do corpo e da aparência. Quando assumiu o *cockpit* do Varig 254, havia acabado de voltar das férias, estava descansado e esbanjando um forte bronzeado. De bom humor, decidiu passar o controle da aeronave para o copiloto.

Completando seu primeiro ano de Varig, o copiloto Nilson Zille conduziu a aeronave desde Brasília até Imperatriz, agradecido por obter essa permissão do comandante. Assumir o controle direto da pilotagem era uma das poucas funções que podiam ser alternadas entre piloto e primeiro oficial — nome técnico de copiloto, uma tradução do mundo militar para *first officer*, ou seja, o primeiro na escala hierárquica após o comandante. Isso fazia todo o sentido, afinal, na ausência ou incapacidade do comandante, o copiloto passaria a atuar como primeiro em comando, sendo capaz de manter os equipamentos funcionando.

Controlar o avião provisoriamente, porém, não mudava o fato de que Garcez seria sempre a autoridade máxima, aquele a exercer o papel exclusivo de representar a empresa e administrar qualquer imprevisto, desde atrasos e mudanças de rotas até emitir ordens de prisão, registros de nascimentos ou mortes ocorridas a bordo. Por convenção, o comandante sentava-se à esquerda no *cockpit* e também carregava a responsabilidade de responder pela segurança do avião e reassumir o controle da pilotagem sempre que necessário. Naquele dia tranquilo, Garcez manteve a inversão de papéis e deixou Zille continuar o trajeto até Marabá.

Como era quase inevitável em um voo de várias escalas, o RG-254 decolou com alguns minutos de atraso. Contudo, o trecho percorrido de Imperatriz a Marabá foi rápido e tranquilo. Apenas 240 quilômetros separavam as duas cidades, emparelhadas na divisa do Maranhão com o Pará, no sentido leste-oeste. O céu sem nuvens só era manchado pela presença de uma névoa seca, fruto da fumaça de incêndios, comuns naquela época do ano. Mas a sujeira no céu de Marabá não impedia de avistar do alto a praia do Tucunaré — uma ilha balneária no meio do rio Tocantins, bem perto do ponto onde deságua o Itacaiúnas, principal rio da região. A pista de pouso situava-se ali perto.

Durante a escala em Marabá, Carlos de Aquino observava o sobe e desce de passageiros. Um de seus colegas de trabalho, que havia viajado para cobrir as férias de outro vendedor, desembarcou na cidade. Ele estava apressado para chegar ao hotel a tempo de ver o jogo do Brasil. Enquanto dava um breve aceno ao colega, Aquino pensava se conseguiria pegar ao menos os minutos finais da partida. Talvez desse certo. Afinal, o trecho de Marabá até Belém consistia em um curto trajeto de 45 a 50 minutos, mais rápido que a ponte Rio-São Paulo. O desembarque também prometia ser ágil, pois o jato, com capacidade para acomodar até 112 pessoas, estava com apenas metade da lotação.

A maioria dos embarcados em Marabá morava na própria região, e alguns já se conheciam. A empresária Marinêz Coimbra era prima da mulher do engenheiro Epaminondas e parente de outro passageiro a bordo. Acompanhada da filha Bruna, de 3 anos, Marinêz sentou-se ao lado do médico oftalmologista João Roberto Matos, em uma das primeiras fileiras.

Outro médico presente na aeronave era o doutor José Serrano Brasil, que teria viajado com o objetivo de participar de uma seleção para o cargo de legista na Universidade Federal do Pará. A avaliação seria conduzida pelo professor Henrique Antunes, que também estava no voo. Antes do embarque, Serrano Brasil e Henrique — que eram amigos — passaram a manhã de domingo desfrutando de uma pescaria. Mas existe uma outra versão mais fantasiosa sobre a presença de Serrano Brasil no avião. Conta-se que o legista teria chegado ao interior do Pará com a missão de fazer a autópsia do corpo de um rapaz acusado de vários crimes. O profissional teria deliberadamente demorado 3 dias para liberar o cadáver. Revoltada, a mãe do defunto lançara uma praga ao médico, prevendo que, ao morrer, ele também demoraria 3 dias para ser sepultado. Serrano Brasil nem se abalara com essa ameaça. Não ligava para superstições bobas.

Continuando o embarque, sentaram-se à frente de Carlos de Aquino o técnico em mineração Raimundo Carlos Siqueira e a contadora pernambucana Severina Leite, de 50 anos. Ela estava ansiosa para chegar a Santarém, no oeste do Pará, e reencontrar os filhos, que não via há muito tempo. Também dentro da cabine, a jovem estudante Meire Ponchio lia um livro, assim como o universitário Marcus Mutran, de 21 anos. Filho mais novo do maior pecuarista da cidade e irmão do prefeito de Marabá, Marcus cursava duas faculdades em Belém e era aguardado pela namorada no aeroporto.

Havia outras figuras importantes a bordo. Paulo Sérgio Altieri, diretor do Departamento de Meio Ambiente do governo do Pará, estava em Marabá para uma tensa reunião com madeireiros sobre extração e queimadas no sul do estado. Naquele domingo, poucas horas antes do voo, o gestor público optara por relaxar na praia do rio Tocantins e, após algumas rodadas de cerveja, acabara perdendo o táxi aéreo que o levaria direto para Belém. Como precisava estar no trabalho na segunda-feira, comprou de última hora a passagem no voo 254. Fanático por futebol, sentia-se frustrado porque iria perder boa parte do jogo do Brasil. Restava assistir ao início da transmissão na TV da praça de alimentação do aeroporto, tomando outra cervejinha. No saguão, reencontrou o mecânico de helicópteros do Ibama, Antônio José da Silva, que também estava na praia, compartilhando o momento boêmio.

O superintendente do Ibama, José Maria Gadelha, sua subordinada, Ruth Tavares, e o procurador do Incra, Antônio José do Nascimento, participaram da mesma reunião de Paulo Altieri e somaram-se à lista de passageiros de Marabá. Chamando a atenção com seus longos cabelos castanhos e lentes de contato azuis, Régia Azevedo foi uma das últimas a embarcar. Estava acompanhada do marido, Evandro, cujo semblante abatido e amuado denunciava um relacionamento abalado. Completando o voo, o agropecuarista Roberto Régis lutava para acomodar na poltrona seus quase 130 quilos.

Àquela hora, a seleção brasileira de futebol já havia entrado em campo no Maracanã. Mais de 140 mil pessoas se amontoavam no estádio para assistir à partida decisiva contra o Chile, valendo a classificação para a Copa do Mundo de 1990. Atendendo ao pedido do passageiro Altieri, uma das comissárias entrou na cabine dos pilotos para saber o andamento do jogo. Manter os clientes informados sobre resultados de partidas importantes era uma cortesia comum nas companhias aéreas. Após sintonizar a Rádio Marabá, o comandante Cézar Garcez deu as boas-vindas aos passageiros do voo Varig 254 e informou no sistema de som que o placar continuava zero a zero.

A voz da comissária ecoou dentro do avião, para que todos escutassem o texto-padrão sobre procedimentos de segurança. Aquino já ouvira tantas vezes, que sabia de tudo decorado: saídas de emergência, máscaras de oxigênio, cintos afivelados, encosto da poltrona na posição vertical... O Boeing começou a se mover, as turbinas em potência máxima, até deixar o solo às 17h35. O horizonte começava a se tingir de dourado, sem nuvens, apenas uma névoa seca pairando no céu de Marabá.

CAPÍTULO 5

# DE MARABÁ A BELÉM: UM DESVIO PARA O OESTE

Em Marabá, último trecho da equipe, o comandante Garcez reassumiu o controle do voo, que havia dado a Zille. Tinha nas mãos a responsabilidade pela vida de 54 pessoas — 48 passageiros e 6 membros da tripulação, incluindo ele mesmo.

Ao consultar o plano de voo, um documento contendo as coordenadas que o piloto precisaria inserir no painel de instrumentos da aeronave, o comandante se deparou com um problema. A rota para o trecho Marabá-Belém estava indicada como 0270 graus. Garcez estava acostumado a trabalhar com planos de apenas três dígitos de 001 a 360 graus, portanto, um daqueles zeros precisaria ser desconsiderado.

O novo dígito apresentado no plano de voo era, na verdade, uma casa decimal, que servia para aumentar a precisão das rotas. Essa inovação foi implantada pela Varig pouco antes de Garcez retornar ao trabalho. Em longas viagens intercontinentais, esse recurso otimizava o trajeto dos aviões de grande porte, economizando combustível. Mas para o já rodado Boeing 737-200, comandado por Garcez e usado em trechos curtos há quase 15 anos, aquele quarto dígito não fazia qualquer diferença.

A empresa, porém, estava empolgada com a aquisição do novo sistema computadorizado, que veio para substituir o preenchimento manual, e decidiu estender essa novidade para todas as rotas. No entanto, não queria custos com treinamento. Havia emitido apenas um comunicado avisando sobre a mudança. Para Garcez, o plano de voo podia ser moderno, mas o painel da aeronave que pilotava ainda era um agrupamento de ponteiros e mostradores analógicos, com espaço para selecionar somente três números.

O comandante visualizou novamente o papel indicando os dígitos 0270. Deveria existir uma vírgula em algum lugar. Qual dos dois zeros precisaria descartar? Não seria um problema difícil de resolver para um guri esperto como ele. Afinal, desde as aulas de Geografia da quarta série primária sabia que a bússola era um aparelho inventado pelos chineses, contendo a indicação dos pontos cardeais em uma escala de 360 graus, correspondente à volta completa no horizonte. Essa era a rosa dos ventos — a mesma imagem que inspirou a logomarca da Varig, estampada em revistas de bordo, copos, talheres e na fuselagem dos aviões desde a década de 1960. E conforme outra disciplina que recebera no colégio — a Matemática —, o menino de Santa Maria havia aprendido que zero à esquerda não valia nada. Sem perder mais nem um minuto, pois também precisava cumprir metas para o avião permanecer o menor tempo possível em solo, desprezou o primeiro zero e inseriu, em silêncio, as coordenadas que considerou corretas de acordo com seu raciocínio: 270 graus.

O trabalho estava agora nas mãos do copiloto Zille, cuja responsabilidade era fazer o *crosscheck*, terminologia gringa para checagem. Com 29 anos, apenas um pouco mais jovem que Garcez, o rapaz experimentava um abismo hierárquico, não pela diferença de idade, mas na experiência como piloto. Enquanto o comandante possuía uma década de Varig, Zille acabara de completar seu primeiro ano na empresa e se sentia realizado com essa conquista, pois voar era um sonho de infância.

Com as lições da escola de pilotagem frescas na cabeça, ele sabia que precisava adotar a prática de cotejamento, ou seja, repetir os comandos recebidos de Garcez, para confirmar que os compreendeu. Isso porque, na aviação, a redundância é um dos pilares da segurança. Caso o comandante executasse alguma programação errada, caberia ao copiloto corrigi-la. Zille esperava, com todas as forças, que isso não fosse necessário. Afinal, ele era apenas um novato e evitaria a todo custo uma confusão com o vaidoso colega.

Conhecera o comandante 6 meses antes, quando estava hospedado em Brasília, preparando-se para um *check* de rota — espécie de exame no qual o aprendiz é avaliado por um instrutor quanto ao desempenho em voo. No saguão do hotel, testemunhou Garcez envolvido em um bate-boca com seu instrutor e outros pilotos, porque não admitia críticas relacionadas a um incidente de *overbooking*.

A primeira impressão de Zille sobre Garcez permanecia vívida na memória. Aquele homem não aceitaria ser contrariado. Assim, sem pensar duas vezes, Zille seguiu as mesmas marcações do comandante no plano de voo do Varig 254. Dentro de 15 dias estaria de férias e daria entrada no primeiro apartamento. Tinha uma namorada, muitos planos, e um dia chegaria sua vez de comandar. Queria apenas fazer o seu trabalho em paz. Ele falou em voz alta, ciente de que dentro da cabine todas as informações trocadas precisavam ser verbalizadas, para ficarem registradas na caixa-preta:

— *Checklist* completo, comandante!

CAPÍTULO 6

# PASSAGEIROS ORIENTADOS, PILOTOS À DERIVA

Logo após a decolagem, o Boeing fez uma longa curva à esquerda, atravessando o rio Tocantins e afastando-se da extremidade sul do lago de Tucuruí. Sentado na última fileira, o engenheiro Epaminondas de imediato estranhou a trajetória vislumbrada em sua janela. Como estava acostumado a fazer aquele percurso toda semana, sabia que o sol, já próximo à linha do horizonte, deveria estar do lado esquerdo da aeronave, enquanto rumava para o norte. Ao invés disso, o avião se distanciava do Tocantins, quando o correto seria seguir o curso do rio, que deságua na baía de Marajó, bem próximo a Belém, no limite norte do país. Era tudo muito esquisito. Talvez os pilotos estivessem desviando de alguma nuvem ou tempestade.

O engenheiro se distraiu um pouco com o cheiro de sanduíches servidos logo após a decolagem, pois se tratava de um voo curto, de aproximadamente 45 minutos. Enquanto aguardava o serviço de bordo, Carlos de Aquino não imaginava a inquietação de Epaminondas. Sentado do lado do corredor, o economista não reparou na mudança na paisagem, mas percebia as crianças da família Melazo cada vez mais agitadas, provavelmente pelo estresse de estarem dentro de um avião há muitas horas.

Vestindo camisa de time de futebol, Antônio José também estava irrequieto, mas por outro motivo. Queria chegar o quanto antes a Belém para acompanhar a partida. Epaminondas pouco se importava com o resultado do jogo. Cada vez mais incomodado com a posição do sol, chamou uma aeromoça. Quem o atendeu foi a comissária Luciane, que apenas o ouviu com educação e disse categoricamente:

— Não se preocupe, senhor, o comandante sabe o que está fazendo.

Em um assento próximo, a engenheira Maria de Fátima Bezerra, que desconhecia totalmente aquelas redondezas, escutou a conversa e se virou para olhar o colega de profissão, visivelmente frustrado pela falta de consideração da comissária. Na outra ponta da cabine, Marinêz também já havia percebido a estranha mudança de rota e consultou uma bússola que trazia na bolsa. Constatou que o avião estava indo para oeste, e não para o norte. Ela puxou conversa com seu vizinho de poltrona, o médico João Matos, pois sabia que o oftalmologista morava em Belém e voava todos os fins de semana a Marabá. Obviamente ele conhecia bem o percurso. Ao fazer o comentário sobre a rota, Marinêz explicou o costume pitoresco de andar com uma bússola no bolso: seguia as orientações de um guru e precisava rezar em determinados horários, voltada para um dos pontos cardeais.

João Matos não sabia o que era mais estranho, se o rumo apresentado pela bússola ou o motivo da existência daquele instrumento na mão da mulher. Mal houve tempo para mais especulações. Trinta minutos após a decolagem em Marabá, o comandante anunciou aos passageiros que iniciava procedimento de descida e que em 10 minutos o Boeing pousaria no Aeroporto Internacional Val-de-Cans, em Belém. João Matos e Marinêz aquietaram suas desconfianças. Carlos de Aquino já estava na expectativa para acessar logo as bagagens e assistir ao finalzinho do jogo. Ele, assim como boa parte dos passageiros, vibrou com essa possibilidade.

A aeronave realizou o procedimento normal de descida. Após atravessar as nuvens, aqueles que já haviam sobrevoado Belém alguma vez na vida perceberam que algo estava errado. Não se via ali Barcarena, cidade da Região Metropolitana e conhecido polo industrial de exploração da bauxita, principal matéria-prima do alumínio. Se o avião estivesse próximo da capital paraense, seria inevitável avistar a fumaça branca que saía das chaminés da maior refinaria de alumínio do mundo, contrastando com as águas barrentas e avermelhadas da barragem de rejeitos de produtos beneficiados. Também seria impossível ignorar o gigantesco estuário da baía de Guajará, formada pelo encontro da foz dos rios Guamá e Acará, cujas águas fluem em direção à baía do Marajó e ao estuário do Amazonas.

Mesmo quem não conhecia nada sobre Belém poderia olhar pela janela, vislumbrar a densa floresta espalhada abaixo e deduzir que não se encontrava nem perto de uma capital com mais de 1 milhão de habitantes. Uma sensação de desconforto começou a tomar conta dos passageiros. Mais de 20 minutos se passaram desde o anúncio do procedimento de descida e o jato permanecia no ar, sem qualquer sinal de civilização, somente selva, rio e ilhas. O sol já se escondia no horizonte, pintando um bonito céu com tons avermelhados. Os passageiros tiveram a sensação de que o avião subia novamente.

O ambiente estava tenso, porém, nenhuma informação era fornecida pela tripulação. Um silêncio desconcertante pairava na cabine dos pilotos, até que finalmente a voz do comandante se fez ouvir. O procedimento de pouso havia sido interrompido e o motivo, segundo ele, era a presença de um avião da Força Aérea Brasileira (FAB) na pista de Belém, com o presidente da República a bordo. O aeroporto teria sido fechado até segunda ordem, sendo necessário aguardar autorização antes de tentar um novo pouso.

Quarenta minutos se arrastaram, sem que os passageiros tivessem a real ideia do que acontecia. As comissárias já haviam desatado seus cintos e circulavam entre a cabine dos pilotos e o espaço dos clientes. Carlos de Aquino achou muito estranho que um avião da FAB ainda estivesse taxiando depois de tanto tempo. Ouviu Epaminondas chamar novamente a aeromoça para cobrar explicações e receber mais uma resposta evasiva. Outros passageiros também gesticulavam, querendo saber por que o Boeing não pousava, preocupados com a possibilidade de perder a conexão.

Sob pressão, a chefe das comissárias entrou na cabine para transmitir aos pilotos as queixas dos usuários. Pouco tempo depois, a voz do comandante Garcez ecoava novamente, como uma força onipresente reverberando no interior do avião. Desta vez, a explicação era de que a aeronave havia perdido contato com Belém e tentava restabelecer comunicação por meio de frequências de rádio. Para leigos, essa informação não significava muita coisa e nem era a notícia satisfatória que todos esperavam.

À medida que o tempo passava, e ainda sem fornecer previsão de quando pousariam, Garcez deu outra justificativa para a demora: continuaria sobrevoando a área, porque um blecaute na cidade havia deixado o aeroporto às escuras. Informou ainda que dispunha de combustível suficiente para mais 2 horas de voo. Carlos de Aquino ficou indignado:

— Como pode um aeroporto internacional não ter um gerador? Isso é inaceitável — comentou com Déa, que àquela altura já estava apavorada.

A explicação tampouco convenceu Epaminondas. Num rompante, tentou entrar na cabine dos pilotos para falar diretamente com o comandante, mas foi impedido pelas comissárias. Wilson Alencar buscou acalmar os ânimos. Formou-se um pequeno grupo no corredor, composto também por Siqueira, Gadelha e Carlos de Aquino, que discutiam a situação. Por sua experiência como piloto, Wilson passou a ser referência para os demais passageiros, que o ouviam com atenção. Ele assegurava que um avião desse porte contava com tripulação altamente treinada, e a possibilidade de ocorrer um acidente era praticamente nula.

As palavras do velho piloto deixaram Aquino um pouco mais aliviado. A informação repassada pelo comandante de que a aeronave ainda contava com 2 horas de combustível também o tranquilizou. Sua cabeça de economista começou a fazer contas. Se não conseguissem pousar em Belém, teriam condições de retornar a Marabá ou talvez tentar um pouso em São Luís.

Carlos de Aquino preferiu voltar para a poltrona e apenas escutar os comentários do grupo, sendo os mais enfáticos vindos de Epaminondas. O engenheiro não acreditava em mais nenhuma palavra do comandante e estava convicto de que o avião se perdera. Alguns passageiros deixaram seus lugares na tentativa de ver algo pela janela. Avistavam apenas a escuridão da floresta e alguns pontos de luz indicando queimadas ou pequenos povoados.

Seguiu-se outra sequência de informes. O piloto relatou um problema na comunicação da cabine de comando, mas disse aos passageiros que poderiam ficar tranquilos, pois ele estava sintonizando a Rádio Liberal de Belém e faria a aproximação por meio dessa frequência. Por que estavam em contato com uma rádio comercial e não com a torre do aeroporto? Uma náusea estranha tomou conta de Carlos de Aquino.

Passadas cerca de 2 horas de um voo que deveria ter duração de 45 minutos, o comandante anunciou, pelo sistema de som, estar à procura de um local para pouso em Santarém ou Marabá. Que alívio! Como Aquino pensara, o avião estava retornando ao ponto de partida. Foi um banho de água fria quando, pouco tempo depois, o piloto soltou nova informação de que não poderia aterrissar em Marabá, porque o aeroporto não tinha instrumentos para pouso noturno.

Dentro de uma aeronave pela primeira vez na vida, Afonso sequer fazia ideia se aquilo era uma situação normal. A irmã mais velha não o poupou do choque de realidade:

— Se o avião não achar logo o lugar de pousar, ele vai cair e todos nós podemos morrer.

Agora os passageiros estavam em vias de pânico. Àquela altura a maioria havia chegado à mesma conclusão de Epaminondas: o piloto se perdera no meio da selva. A lua crescente ao longe oferecia apenas um pálido fio de luz, mas era o único ponto de referência em meio ao breu. Era possível perceber o corpo celeste "mudando" de lugar constantemente, circundando a aeronave. Ora à esquerda do Boeing, ora à direita.

Carlos de Aquino via as comissárias passando sem parar pelo corredor. A que tinha o nome Flávia escrito no uniforme parecia a mais nervosa. Jacqueline e Luciane, as outras aeromoças, exalavam cheiro de cigarro. Um grupo começou a puxar a oração do pai-nosso.

— Não quero morrer! — Ruth Tavares desatou a gritar.

O descontrole emocional foi rapidamente contido no intuito de não espalhar ainda mais pavor. Alguém providenciou água com açúcar para a servidora pública. Os colegas do Ibama e o doutor Serrano Brasil ficaram por perto para tranquilizá-la. Ao solicitar um medicamento calmante às comissárias, Brasil precisou se identificar como médico legista, uma informação nada agradável naquele momento. As irmãs Rita e Elza, que presenciaram toda a cena e não perdiam o bom humor mesmo em meio à agonia, se entreolharam e riram.

Na tentativa de acalmar as pessoas, as comissárias liberaram novamente o serviço de bordo. Embora ninguém sentisse fome, o carrinho de bebidas alcoólicas foi bastante demandado. Aos que solicitavam mais doses, as aeromoças tinham a prudência de não encher os copos, para que a situação não fugisse ainda mais do controle.

Também foram liberados os cigarros. Na década de 1980, ainda era permitido fumar em voos com mais de 1 hora de duração. Em tempos mais remotos, a própria Varig incentivava a prática e distribuía como brinde caixinhas de fósforos de papelão com o nome da companhia estampado. Até que em 1973 um cigarro causou um dos piores acidentes aéreos da empresa. No desastre de Orly, na França, 122 pessoas morreram sufocadas por fumaça dentro do Boeing 707 da Varig, por causa de uma bituca acesa jogada na lixeira do banheiro. Mesmo com essa tragédia, a cultura de fumar continuava muito forte e o cigarro só seria banido de vez das aeronaves brasileiras no final do século XX.

Carlos de Aquino, que já não fumava, também preferiu não ingerir nenhuma bebida no voo fatídico. Queria se manter alerta.

E se o avião caísse mesmo? E se fosse na água? Precisava manter a lucidez, lutar com todas as forças pela vida e voltar para sua família. Esse pensamento o energizou e encorajou mais do que qualquer gota de álcool.

Nesse ínterim, um grupo de homens já havia levantado e invadido a cozinha do avião. A tripulação não conseguia mais manter a ordem entre os passageiros. Da poltrona, Carlos de Aquino ouvia risadas altas, só interrompidas brevemente pelo reabastecimento de copos. Alguns bebiam diretamente das garrafas. Do nada, um passageiro na algazarra gritou: "Brasil!". O caos se instalara.

Nem todos os viajantes, contudo, pareciam agitados. Henrique Antunes ocupava o tempo escrevendo o que talvez fosse um diário, ou uma carta de despedida. Sentadas ao lado da asa esquerda, Rita e Elza não soltavam as mãos e trocavam promessas de que cuidariam dos filhos uma da outra, caso só uma delas conseguisse sobreviver. Tinham como vizinho o estudante Marcus Mutran, por quem desenvolveram grande simpatia durante as horas de voo, falando sobre espiritismo e contando piadas.

Faltando cerca de 15 minutos para as 9 da noite, o comandante Cézar Garcez comunicou aos passageiros que estava se aproximando de Carajás. Ninguém estava entendendo mais nada. Primeiro, a tentativa de pouso em Marabá, depois em Santarém, e agora em Carajás?

Se alguns suspiravam aliviados, ainda acreditando na palavra do piloto, naquele momento Aquino sentiu que era o fim. Sabia que Carajás era uma região serrana e que estavam quase sem combustível. Havia enorme risco de erro. Estava certo de que o avião iria bater em um pico de montanha, selando o destino de todos. Guardou para si essa angústia. Enquanto por dentro acumulava um turbilhão de emoções, por fora, o economista tentava acalmar as outras pessoas:

— Fiquem calmos, o avião vai pousar e vai ficar tudo bem — falou para os que estavam próximos, embora ele mesmo já não acreditasse nisso.

Novamente, a voz do piloto se fez ouvir, desta vez carregada com uma nota perceptível de hesitação:

— Senhoras e senhores, é o comandante quem vos fala. Tivemos uma pane de desorientação dos nossos sistemas de bússola... Os órgãos de controle estão cientes. O Centro de Belém está tentando colocar o aeroporto de Carajás em funcionamento... Estamos com o nosso combustível já no final, ainda com 15 minutos. A comissária-chefe de equipe agora vai fazer um *briefing* para o caso de termos que fazer um pouso forçado antes da pista de Carajás...

O Boeing estava há 3 horas no ar e já se sabia que não havia combustível suficiente para chegar a lugar algum. Começava uma tenebrosa contagem regressiva. Talvez só tivessem mais alguns minutos de vida. As palavras de consolo de Garcez não passavam de meras tentativas:

— Pedimos a todos que mantenham a calma, porque uma situação como essa realmente é muito difícil de acontecer... Acredito que tenhamos ainda 10 minutos de voo... Deixamos a todos com a esperança de que isso não passe de apenas um susto para todos nós.

A próxima fala do comandante seria um apanhado de explicações técnicas para comunicar que faria um pouso de emergência. As instruções eram ditas com naturalidade e calma, o mesmo tom usado para falar de uma turbulência simples. Desligaria primeiro a turbina direita e, em seguida, a esquerda. O trem de pouso ficaria recolhido. Levaria cerca de 5 minutos até o impacto no solo. Depois de todas as explanações, a mórbida sentença foi resumida na frase dirigida aos passageiros:

— Pela atenção, muito obrigado, e que tenham todos um bom final.

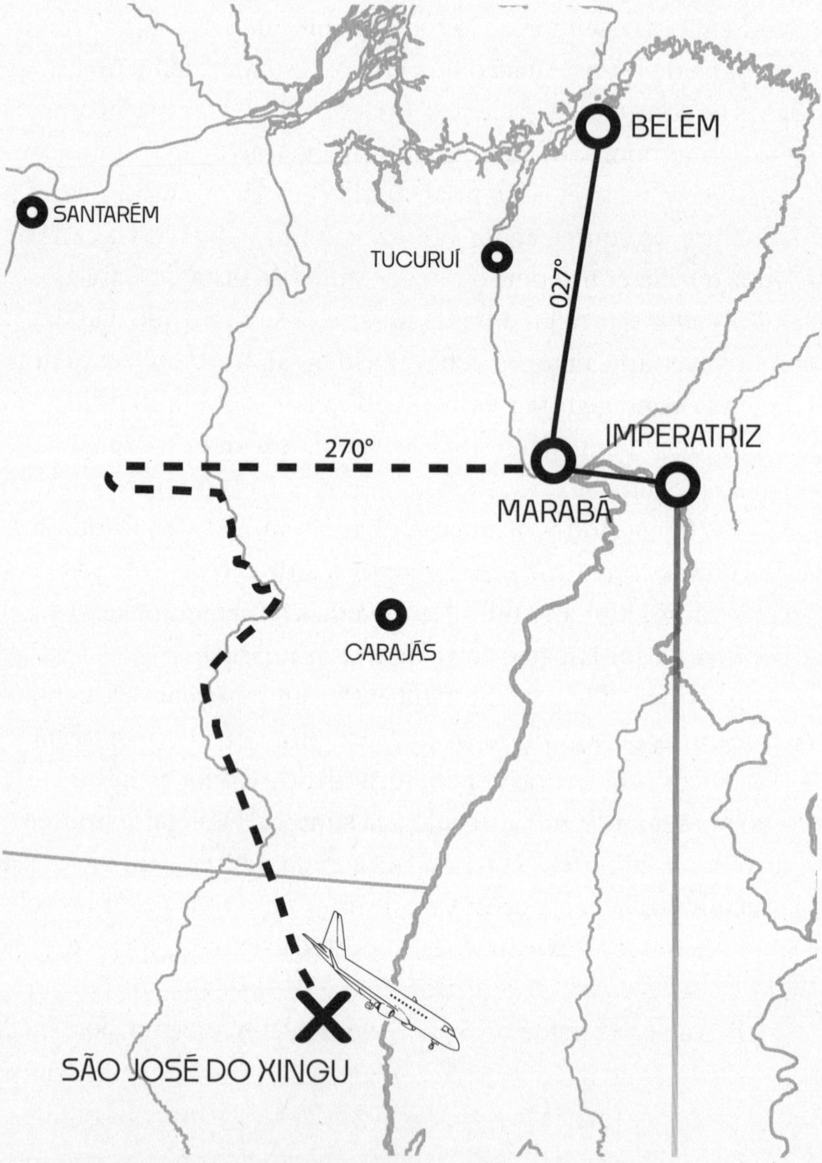


Rota original

Trajeto errôneo percorrido pela aeronave

CAPÍTULO 7

# PREPARAR PARA UM BOM FINAL

A fase do desespero pareceu ter dado lugar à racionalidade. Os que estavam na copa conversando e enchendo os copos de bebida voltaram aos assentos, calados. O efeito da adrenalina foi imediato e todos estavam sóbrios de novo, procurando ler as instruções de emergência nos cartões.

As comissárias começaram a preparar os passageiros para o pouso forçado. Orientaram a retirar todos os objetos pontiagudos dos bolsos, além de óculos, relógios e sandálias de salto alto. A chefe de equipe Solange mostrou, com voz firme e calma, como apertar os cintos, inclinar-se para a frente, abraçar os joelhos e manter a cabeça o mais baixa possível. Também recomendou seguirem as luzes de emergência em direção à saída e abandonar o avião imediatamente após chegar ao solo. Em caso de pouso na água, haveria coletes salva-vidas....

Obedecendo a todas as instruções, Carlos de Aquino guardou os óculos e permaneceu sentado. Para ele, mudar de local dentro da mesma cápsula onde estava preso não alteraria em nada as leis da probabilidade. Diversos passageiros, porém, se levantaram para buscar assentos em posições que consideravam mais seguras. Preocupadas com um possível desequilíbrio no peso da aeronave, as comissárias pediam para que todos ficassem em seus respectivos lugares, mas era difícil impedir a movimentação de pessoas.

Marcionílio foi um dos que se deslocou para os fundos da aeronave. Perto dele, Liceia Melazo tremia de medo, segurando a filha Débora nos braços, protegida por um travesseiro. Elas não deveriam estar ali, mas Liceia aceitara o gesto de solidariedade de Régis, que se ofereceu para trocar de lugar e deixá-las na parte de trás do avião. Josete, sogra de Liceia, optou por permanecer onde estava, ao lado da outra nora, Kátia Melazo.

Preocupada com a bebê Ariadne, Solange pediu para Regina sentar-se na primeira fileira com a filha, em um local mais protegido. Na dança das cadeiras, Afonso seguiu junto. A comissária orientou Regina a abraçar bem firme a criança, que dormia tranquilamente, alheia aos acontecimentos.

A tripulação tentou recolher todos os volumes que estavam nos compartimentos de bagagem e junto aos passageiros, trancando os objetos nos banheiros. Inflexível, Shiko Fukuoka se recusou a entregar sua maleta ou colocá-la embaixo da poltrona. Agarrava-se a ela como se fosse a própria vida. Quando a comissária desistiu de convencê-lo e se retirou, o nissei abriu a maleta e guardou parte dos dólares nos bolsos, muito preocupado com a possibilidade de perder o dinheiro.

Vez por outra, Siqueira levantava-se para fazer registros com sua máquina fotográfica Yashica. O coro de orações foi retomado. Ateu, Paulo Altieri preferiu chamar a aeromoça para lhe dar aulas de como usar uma das portas de emergência situadas no meio da aeronave. Achava que ali teria a vantagem de ser o primeiro a escapar. Marcus Mutran se ofereceu para ficar na outra saída. O estudante lia placidamente um livro de Allan Kardec.

Marinêz, que era prima de Marcus, acomodou-se na terceira fila, do lado da janela, e pôs a filha Bruna na poltrona do meio. A mulher chamou o rapaz para sentar-se ao seu lado, mas ele recusou o convite. Ela então o aconselhou a manter algum documento de identidade junto ao corpo. Quando Marcus se levantou para tentar pegar a bolsa, foi de pronto repreendido por uma comissária, que o mandou sentar-se e atar os cintos. Elza Gasparin ouviu tudo e achou uma boa ideia colocar a carteira de identidade no bolso, gesto que não foi seguido pela irmã. Rita tinha convicção de que não iria morrer. Rebelde, ela ainda brincou dizendo que, se morresse, esperava dar bastante trabalho na hora da identificação. Enquanto ria do jeito da irmã, Elza a ajudava a posicionar a sacola, cheia de dinheiro para as compras na Zona Franca, debaixo da poltrona.

Toda aquela conversa sobre cuidados e recomendações só exasperava ainda mais o estado de espírito de Fidelis Rocco. Entre um espasmo e outro, o advogado ficava de joelhos na poltrona e virava o rosto nervosamente à procura de informações junto às irmãs Gasparin. Em um ato insano, o mecânico Antônio José se levantou e caminhou em direção à cabine dos pilotos. Sabe-se lá o que queria fazer, parecia em estado de embriaguez. Foi impedido por outros passageiros, que o obrigaram a retornar ao assento. Naquela bolha cada vez mais sufocante, Carlos de Aquino ouvia de tudo: choros, gemidos, lamentações, intercessões ao Senhor, aos santos, palavrões.

O tormento parecia não ter fim. Sabia-se que o piloto estava dando voltas para gastar combustível, pois a lua permanecia "girando", ora aparecendo de um lado da aeronave, ora de outro. Até que uma das turbinas parou. O avião se sustentava praticamente com as asas, planando para descer aos poucos.

— O motor número um acabou de parar. A gente vai ter que descer agora. Atenção, tripulação, preparar para pouso forçado — anunciou Garcez.

As comissárias Solange e Luciane correram para seus assentos da frente, colados na cabine dos pilotos e voltados para os passageiros. Carlos de Aquino notou que elas dispensaram os cintos torácicos, preferindo inclinar o corpo, imitando a posição dos viajantes comuns. As pálidas luzes de emergência acenderam.

Inclinando-se sobre os joelhos, o economista ouvia a respiração ofegante de Odeane. Ela também era muito jovem, apenas 19 anos, a mesma idade que ele tinha quando capotou o fusca em uma de suas viagens para Vargem Grande. Embora aquele episódio tenha sido bastante assustador, resultando em prejuízos materiais, não houve ferimentos graves. Aquino rezava para que o desfecho do voo fosse apenas outro susto com o mesmo final do acidente de trânsito: um momento ruim que passa e deixa na memória histórias para contar.

Ali, porém, em nada se assimilava à estrada de terra batida de sua cidade natal. Ele sequer sabia onde estava e não tinha qualquer controle da situação. O homem feito sentiu-se uma criança indefesa em busca de proteção. Em um gesto inconsciente, apertou tão forte a mão de Odeane que temeu tê-la quebrado.

Em sua mente, Aquino materializava a imagem de Dolores. Pensava em como ela ficaria, sozinha, com duas crianças pequenas para criar. A vida não era justa. Estava tudo indo tão bem, acabara de formar uma família, começava uma nova carreira, novos sonhos, o futuro parecia tão bom. Pensou nas tantas coisas que ainda queria fazer. Por que esse pesadelo estava acontecendo? Será que era seu destino morrer tão cedo, aos 27 anos? Rezou o que achava ser a última oração, pediu perdão pelos pecados e pela pouca fé. Que Deus o perdoasse, já havia entregado os pontos. Encurvou mais o corpo, levando o peito até as pernas, mãos nos calcanhares, e se preparou para o impacto.

## CAPÍTULO 8

# O PROJÉTIL HUMANO

A informação recebida era de que tudo duraria pouco mais de 5 minutos após o desligamento da primeira turbina. Carlos de Aquino concluiu a oração. "É agora..." Recitou novamente uma prece. "Ave Maria..." A situação permanecia igual. Passaram-se cerca de 10 minutos de queda lenta, que pareciam uma eternidade. O avião dava um solavanco, voltava a planar e nada acontecia. Ninguém tinha noção da altitude, nem quando ou como iria ocorrer o impacto. Os burburinhos haviam cessado e reinava o silêncio quase absoluto. O único som que se ouvia era o assobio fantasmagórico das asas cortando o vento. A segunda turbina também havia sido desligada.

A concentração de Carlos de Aquino foi quebrada por uma voz sussurrada, vinda do corredor:

— Moço, tenho tanto medo de morrer sem conseguir ver meus filhos. Tenho medo de não conseguir sair do avião depois de cair. Você pode me ajudar a sair? — era o apelo de Severina, a senhora que viajava com destino a Santarém.

— Ajudo, ajudo, sim. Eu prometo — o economista assegurou, sem hesitar.

No entanto, de repente a mulher perdeu o controle e começou a gritar. Nesse momento, um homem desatou o cinto e se levantou, não se sabe se com o intuito de acalmar a senhora. Já era possível ouvir o ruído da fuselagem roçando na copa das árvores.

— Senta, rapaz, que o avião tá caindo! Aquino gritou.

Não deu tempo de dizer mais nada. Quando o impacto aconteceu, ele viu apenas um vulto atravessando o corredor, na velocidade de um projétil.

Eram por volta das 9 horas da noite — 3 horas e 26 minutos desde a decolagem em Marabá. Um silêncio mortal, depois um grande estrondo. E tudo ficou escuro.

## CAPÍTULO 9

# SEGREDOS DA CABINE

Aparentemente, tudo seguia em perfeita ordem a bordo do Varig 254. Até que, passados 25 minutos da decolagem em Marabá, o copiloto Zille tentou o primeiro contato com os controladores de tráfego do aeroporto de Belém, por meio de frequência VHF. Sem sucesso. O fato não causou surpresa ao copiloto, pois era comum a dificuldade em receber sinais na Região Norte do país. Enquanto aguardava algum retorno dos controladores, conforme aprendeu nas aulas de pilotagem, Zille esperou Garcez repassar as informações da carta de descida — documento que contém as orientações de aproximação e pouso no aeroporto. O comandante, no entanto, apenas disse que as informações já estavam checadas. Sem ousar questionar o experiente piloto, Zille pediu autorização para tentar contato com outro jato da Varig, que sobrevoava as redondezas.

O outro jato era pilotado pelo comandante Paulo José. Quando soube que seus colegas enfrentavam dificuldades em estabelecer contato com os controladores em terra, o comandante Paulo prontamente comunicou o ocorrido ao Centro de Controle de Tráfego (conhecido no meio aeronáutico pela sigla em inglês ACC). O fluxo aéreo estava bastante tranquilo naquele momento e aguardavam-se apenas essas duas aeronaves da Varig pousarem. Também sem suspeitar das dificuldades do voo 254, os controladores pediram somente para que o comandante Paulo orientasse Garcez e Zille a tentar contato por HF, um outro tipo de frequência de alcance maior que o VHF.

O aeroporto Val-de-Cans de Belém estava passando por reformas e, por isso, o enorme equipamento receptor de HF havia sido temporariamente transferido para um local a 150 metros de distância do ACC. Esse lugar era a Sala de Informações Aeronáuticas (sigla internacional AIS), que naquele momento estava sob os cuidados do funcionário José Casemiro. A sala AIS situava-se no meio do aeroporto e era impossível não avistar sua porta de entrada, com uma placa amarela chamativa. Mesmo com toda a confusão da reforma e a divisão de espaço com o rádio HF, a sala comportava lugar para uma televisão, que obviamente transmitia o jogo do Brasil.

Casemiro não era controlador de tráfego. Sua função consistia em receber os planos de voo preenchidos pelos pilotos e repassá-los para o ACC. Os controladores, por sua vez, eram oriundos da carreira militar, passavam por curso de formação e rigorosos testes para demonstrar qualidades como concentração, atenção e rapidez de pensamento, necessárias ao desempenho de um trabalho de alto estresse e enorme grau de responsabilidade. Porém, por força do destino, foi Casemiro, sem o devido treinamento técnico, quem recebeu a primeira chamada do Varig 254, por meio do equipamento HF. Ao ouvir de Garcez que o avião não conseguia captar os sinais emitidos pelo aeroporto, o funcionário limitou-se a transmitir ao ACC as mesmas informações fornecidas pelo piloto.

Com base no relato de Casemiro, o controlador no ACC orientou os pilotos a tentarem novamente contato com a Torre de Controle. Isso porque, enquanto o ACC era responsável pelos aviões em ascensão, nível de cruzeiro e início da descida, a Torre tinha a função de monitorar as aeronaves no aeroporto e nas imediações, até uma altitude específica. E, pelas contas do controlador, o avião agora estava sob responsabilidade da Torre.

Após repassar para a Torre a informação de que o Varig 254 já decolara de Marabá e deveria estar nas proximidades do aeroporto de Belém, o controlador no ACC encerrou seu turno. Antes de ir embora, organizou suas fichas com os dados de diversos voos e acomodou tudo no escaninho perto de uma pilha de papéis contendo cartas de rota e previsões meteorológicas. Acima dos escaninhos e papéis, as paredes do Centro de Controle eram emolduradas por enormes quadros com mapas, em um ambiente preenchido por sons de telex — um misto de fax e máquina de escrever — e pelos ruídos barulhentos de rádios e microfones arcaicos. Não havia telas de monitoramento de aeronaves em tempo real, pois a cobertura por radar naquela região ainda era inexistente. Toda a comunicação dependia das frequências de rádio, que o Varig 254 tentava sem êxito sintonizar.

Depois de seguir a intrincada ponte de comunicação, que envolveu o comandante Paulo, o operador Casemiro, a Torre e o Controle de Tráfego, o copiloto Zille voltou a falar com Casemiro para repassar informações sobre a posição da proa (parte da frente) da aeronave:

— Belém, o Varig 254 atinge (o nível) 200, mantendo a proa 270, possível radial 90, sem contato de radionavegação — disse o copiloto.

— Dois cinco quatro solicita autorização para descer. Está faltando energia na cidade? — Garcez questionou ao operador em terra.

— Negativo — refutou José Casemiro.

Casemiro transmitiu a conversa para o ACC, que emitiu novas orientações, por meio do controlador que acabara de chegar para assumir o novo turno. Em momento algum foi notada a curiosa pergunta de Garcez sobre as luzes da cidade e ninguém também estranhou a informação de proa 270 fornecida pelo copiloto. Atendo-se somente aos números, o Controle de Belém orientou o Varig 254 a tentar uma aterrissagem visual, fazendo uma curva para a esquerda e interceptando a radial 240 de Val-de-Cans. Sabendo que não havia mais risco de colisão com outra aeronave, pois o jato do comandante Paulo acabara de pousar, o controlador autorizou a saída do nível de cruzeiro de 8.800 metros, para o nível FL-40, que na aviação significa altitude de 4 mil pés ou cerca de 1.200 metros.

Garcez achou a solicitação do ACC muito estranha. Obedecer àquelas coordenadas significava admitir que o voo estava chegando do norte do Maranhão, no sentido do oceano Atlântico, não de Marabá. Garcez fez um sinal com a mão para Zille não realizar nenhum procedimento.

Passados mais 20 minutos, o comandante tornou a falar com os controladores, por meio de Casemiro. Informou que continuava sem contato em VHF e também sem sinal ILS. O sistema de aproximação por instrumentos, chamado ILS, é ativado quando o avião está bem próximo ao aeroporto e fornece as coordenadas exatas para a aeronave se alinhar com a pista durante o pouso, conduzindo a descida automaticamente. O ILS ainda é, até os dias de hoje, o sistema de orientação mais preciso e utilizado na maioria dos pousos, principalmente em situações de baixa visibilidade. Consiste em duas antenas instaladas próximo à cabeceira da pista, que calculam a trajetória vertical e lateral para a aeronave aterrissar. Caso não exista contato visual com a pista após determinada altura, deve-se sair do piloto automático, abortar o pouso e arremeter (fazer uma manobra rápida de aceleração e subida).

Sem o auxílio do ILS ou contato direto com a Torre, ficava difícil para o Varig 254 fazer qualquer previsão de pouso. Por volta das 19 horas, o comandante comunicou ao Centro de Controle autonomia de voo de quase 2 horas. Avisou ainda que voltaria a manter contato quando visualizasse o aeródromo. Garcez também achou que já era hora de dar alguma satisfação às pessoas a bordo. Havia chegado a seus ouvidos a reclamação do passageiro Epaminondas, levantando suspeitas sobre a rota. Não se sabe ao certo o motivo, talvez para evitar pânico dentro do avião, o comandante fantasiou uma história sobre o fechamento do aeroporto para a passagem do presidente da República.

Mesmo sem qualquer sinal da aeronave, que já deveria ter chegado há mais de meia hora, o Controle de Belém continuou a orientar a descida até 2 mil pés, enquanto fornecia informações tranquilizantes sobre o clima. Garcez não obedeceu à ordem de descida, e tampouco subiu. Preferiu manter-se na altitude de 4 mil pés, acompanhando o curso de um rio e aproveitando algum resquício de luz para tentar localizar os gigantescos acidentes geográficos da região, como a Ilha de Marajó e a foz do rio Amazonas. Àquela altura, o comandante acreditava que havia ultrapassado Belém, pois as marcações de distância e tempo apontavam para isso. Manteve o rumo, na esperança de chegar ao oceano e ter algum referencial.

O crepúsculo agonizava, engolido pela sombra da noite. O curso d'água mostrava um trecho de belas cachoeiras típicas da região da Serra dos Carajás. Nesse momento, Epaminondas tentava mais uma vez explicar à comissária que era um passageiro frequente e conhecia bem a região. Definitivamente, as corredeiras que avistara não faziam parte daquela rota.

Alheio a tudo e a todos, sempre com olhar fixo na linha do horizonte, Garcez perdeu a noção do tempo. Ficou assim por um longo período, pilotando em altitude baixa, fator que aumentava o consumo de combustível em aeronaves a jato. Até que o contato de um Boeing 727 cargueiro, também da Varig, o tirou do transe. Aos colegas do outro avião, o comandante informou aproximação de Belém, estimando o pouso em Val-de-Cans dentro de 6 minutos. Na realidade, Garcez estava mais torcendo do que efetivamente buscando por um aeroporto.

O comandante voltou a estabelecer contato com o Centro de Controle:

— Belém, o Varig 254 teve uma pane no porão eletrônico.

Sentado ao lado do comandante, Zille nada entendeu. O porão eletrônico era um compartimento secreto, abaixo da cabine dos pilotos, onde ficavam os sistemas de navegação, comunicação e piloto automático. A escotilha também servia como saída de emergência e contava com uma escada retrátil e cabos de aço, que podiam ser usados para descer até o solo pelo lado de fora da fuselagem.

A despeito do comunicado de Garcez relatando problemas no porão, Zille estava vendo que não existia pane alguma, todos os instrumentos funcionavam perfeitamente. Percebendo que havia algo errado, Zille sugeriu uma regra básica da aviação: quem não consegue achar o ponto B, retorna para o A. Ou seja, aconselhou que retornassem a Marabá.

— Negativo. Belém ficou para trás e à direita — insistia o comandante.

Instruído por Garcez, o copiloto solicitou ao Centro de Controle a frequência das estações de rádio comerciais da cidade, para tentar sintonizar alguma delas. De pronto, o ACC de Belém forneceu duas: a Rádio Liberal 1.330 kHz e a Rádio Guajará 1.270 kHz. As agulhas dos ponteiros começaram a se ajustar para a direita e para a cauda, conforme Garcez havia dito. Zille estava aliviado. A tentativa de localizar Belém parecia ter dado certo.

O comandante fez então uma longa curva de 180 graus, supostamente retomando a rota correta. Naquele momento, para os passageiros, ficava clara a impressão de que o avião voava em círculos. A noite já havia consumido o último resquício de claridade, encerrando a divisão entre terra e firmamento. Ninguém, porém, avistava as luzes da cidade. Zille já não aceitava mais a tarefa improdutiva de monitorar o nível de combustível e as frequências de rádio. Como não chegavam a lugar algum, o copiloto propôs que o avião subisse para captar melhor as frequências e economizar combustível, mas Garcez estava inflexível nos comandos. Insistindo em perseguir os sinais das rádios de Belém e usar instrumentos de navegação pouco confiáveis, perdeu-se mais ainda e fez outra curva em direção ao sul. Na sua primeira divergência com o comandante, Zille questionou a trajetória.

— O que você quer que eu faça, porra? Que eu gire o avião de novo e vá pra o norte? Não tá vendo que as agulhas indicam que Belém é pra frente? Só pode estar pra frente! — esbravejou o comandante, cuspindo palavrões.

Humilhado e ignorado na pilotagem, Zille procurou ocupar o tempo com algo produtivo. Consultou a carta de navegação, que mostrava informações sobre relevo e acidentes geográficos para ajudar na identificação visual da rota, algo difícil de se fazer àquela hora da noite. O copiloto vasculhou outros documentos. Ao pegar a carta de orientação para pouso da aeronave em Belém, aquela que deveria ter sido consultada desde o primeiro procedimento de descida, Zille encontrou a resposta ao problema. O papel mostrava, sem sombra de dúvidas, que o rumo traçado ao decolar deveria ser 027 ao norte. O copiloto respirou fundo, olhou para o painel de controle e depois o para-brisa do *cockpit*. Avistou o Cruzeiro do Sul à sua frente.

— Olha aqui a merda que você fez — disparou Zille, já sem qualquer respeito e apontando para a carta.

Nesse instante, sem demonstrar surpresa, Garcez fez um sinal de silêncio, levando o dedo à boca e depois apontando para o teto, onde ficava o gravador de voz da cabine. Queria evitar qualquer registro sonoro na caixa-preta. Era óbvio que ele já sabia. O comandante tinha plena consciência, há pelo menos 1 hora, de que havia cometido um erro na rota. No entanto, mesmo diante dessas circunstâncias, o maior medo de Garcez era que sua falha fosse descoberta.

Zille levou as mãos à cabeça, maldizendo-se da grande falta de sorte. Lembrou instantaneamente que, naquele momento, não deveria estar ali, mas em São Luís, acompanhando outra tripulação. Alterara de última hora sua escala, a pedido de um colega, com a promessa de ganhar folgas no Natal e Ano-Novo. Aceitara a contragosto participar da tripulação de Garcez, pois algo lhe dizia para não fazer a troca, mas deixou de ouvir a intuição. Agora, precisava encarar aquele inferno.

CAPÍTULO 10

# EM BUSCA DE UMA PISTA DE POUSO

Muitos fenômenos entre o céu e a terra podem passar despercebidos, a menos que alguma casualidade do destino os evidencie. Um desses acontecimentos é a propagação ionosférica, algo que certamente nem passava pela cabeça das 54 pessoas a bordo do voo da Varig, mas que teve impacto direto na vida delas. Trata-se de uma condição atmosférica responsável por rebater frequências de ondas curtas de longo alcance. Essa reflexão na atmosfera, aliada à altitude da aeronave, confunde a direção dos sinais, fazendo crer que eles vêm de um sentido, quando na verdade vêm de outro. Dessa forma, o que Garcez pensava serem as ondas das rádios Liberal e Guajará de Belém eram, na verdade, das emissoras Brasil Central e Rádio Clube de Goiânia, de frequência parecida.

Uma delas transmitia o jogo do Brasil, e a outra, um programa religioso. Segundo uma lei da década de 1940, todas as rádios comerciais deveriam prestar serviço de informações às aeronaves, anunciando a intervalos regulares a frequência de onda da emissora e a localização da cidade. Porém, naquele dia, nenhuma das duas rádios citou essas coordenadas, para que os pilotos pudessem confirmar a origem dos sinais e se situar. Assim, o avião embrenhava-se cada vez mais no coração da selva amazônica.

Parecia que a preocupação de todo brasileiro se voltava mais para o que acontecia na terra do que no céu. Em campo, Bebeto deu um passe perfeito para Careca marcar o primeiro gol do Brasil na partida. Faltando 20 minutos para o encerramento, uma torcedora lançou da arquibancada um foguete sinalizador, que explodiu próximo ao goleiro chileno, interrompendo o jogo. O ritmo dos acontecimentos em campo era frenético e os locutores sequer tinham tempo de respirar, quanto mais auxiliar na orientação de aeronaves. Enquanto isso, um jato perdido na vastidão do céu tentava encontrar seu rumo.

Mas não foram apenas as rádios e o Controle de Tráfego que "esqueceram" o avião. A situação também não despertou suspeitas na coordenação de voo da Varig. Esse setor era responsável por acionar os pilotos da empresa quando ultrapassavam o tempo de voo estimado, por meio de uma linha direta com a cabine. Naquele dia, a coordenação não efetuou qualquer chamada para alertar ou auxiliar a tripulação do voo 254. Simplesmente ninguém admitia a hipótese de existir um Boeing perdido no curto trecho entre Marabá e Belém.

Após 40 minutos sem contato do Varig 254 com o Controle de Tráfego e já preocupado com o silêncio da aeronave, o ACC de Belém finalmente mobilizou os mecanismos de segurança. Declarou "situação de incerteza", comunicou o Centro de Brasília, acionou um coordenador de busca e salvamento e fechou o aeroporto para pousos e decolagens, aguardando exclusivamente o Boeing atrasado.

O chefe do Controle de Belém, capitão Carlos Rodrigues, assumiu o comando das comunicações no lugar do funcionário Casemiro. Boa parte do pessoal do controle de tráfego agora se aglomerava na sala AIS, onde estava o rádio HF. O temor dos controladores era de que o avião tivesse ultrapassado Belém e se encontrasse perdido no oceano Atlântico.

Nesse meio-tempo, um jato da Vasp vindo de São Luís, sob o comando do piloto Miguel Ângelo, aproximou-se e solicitou autorização para pousar em Belém — pedido que foi sumariamente negado pelo Centro de Controle. Enquanto permanecia em espera, voando em círculos, o Vasp tentou, a pedido do ACC, estabelecer contato com o voo da Varig. Após algumas chamadas sem resposta, o Vasp aproveitou para pedir novamente autorização para descer, imaginando o transtorno que seria procurar outro aeroporto. A situação só piorava para os controladores. Como se não bastassem os problemas de um avião desaparecido, agora seria preciso dar conta de outras aeronaves que ficariam "engarrafadas" no ar.

Foram diversas tentativas de contato com a cabine dos pilotos, até que finalmente o Varig 254 deu sinal de vida. No intuito de arrancar alguma informação do comandante, os controladores questionaram se havia algum problema técnico. Garcez apenas pediu para aguardar. Minutos depois, para a surpresa de todos, informou estar voando na proa 350 graus de Santarém, usando como fonte de orientação uma rádio comercial.

Em seguida, informou proa 170 de Marabá, recebendo o radioauxílio de Carajás, como se essa súbita mudança não fosse nada de mais. E cortou a comunicação, deixando todos em terra completamente confusos, pois nada fazia sentido. Para um avião cargueiro, o Varig dissera que estava pousando em Belém, enquanto para o Controle informava aproximação em Santarém, inexplicavelmente muito distante da rota original. Logo depois, comunicava que recebia frequências de radioauxílio de Carajás, a mais de 700 quilômetros de Santarém, o que seria impossível, pois o aeroporto daquela cidade não funcionava à noite.

Por que o piloto não informava claramente seu paradeiro? O longo silêncio do comandante também preocupava. Começaram as especulações de que o avião poderia ter sido sequestrado. Um fato como esse havia acontecido recentemente. Em 1988, cerca de 1 ano antes, um motorista desempregado sequestrara uma aeronave da Vasp, com o objetivo insano de se jogar contra o Palácio do Planalto, mas o piloto evitara a situação após uma série de manobras mirabolantes.

A história parecia estar se repetindo. Auxiliando na operação, o Centro de Brasília conseguiu estabelecer contato com Garcez por meio do Selcal (*selective call*), espécie de telefone que realiza chamadas diretas para uma aeronave específica. O mecanismo é primitivo: não é possível ouvir e falar ao mesmo tempo no Selcal. Primeiro, aperta-se o botão do microfone para passar a mensagem. Só depois de soltar o botão, a pessoa do outro lado da linha consegue ouvir o recado transmitido.

Em conversa rápida com o Centro de Brasília, Garcez deu informações irrelevantes sobre altitude e proa, confirmou que tentaria pouso em Carajás e que contava com 45 minutos de autonomia. Ao ser questionado sobre voltar a Marabá, o comandante disse que não haveria combustível suficiente para alcançar a cidade.

Sem ter muito o que fazer, o ACC de Belém precisou agir absorvendo cada fragmento de informação fornecida pelo piloto. Tratou de interditar Santarém para pousos e decolagens e correu a procurar o telefone da casa do responsável da Infraero em Carajás, para que abrisse o aeroporto e ligasse as luzes da pista.

Pelos cálculos de Garcez, o avião estaria a sudoeste de Carajás ou ao sul de Santarém, já na cobertura de outro mapa de rota, mas isso era praticamente impossível de saber, depois de tantas voltas em um voo no escuro. Mesmo sem ter certeza do que fazia, comunicou aos passageiros que estava se deslocando para Santarém. O comandante solicitou ao copiloto a carta de rota L-3, que mostrava dados de altitude mais baixa, com informações sobre terreno e estações de radioauxílio de regiões ao sul de Marabá. O mapa estava a bordo, como depois confirmariam as equipes de resgate, mas naquele momento, Zille, já em alto nível de estresse, não o encontrou.

Garcez pegou então outro tipo de carta, de altitude mais elevada. Fez novos cálculos e concluiu que o combustível seria insuficiente para chegar a Santarém, sendo mais viável tentar pouso em Carajás. Acabavam de completar 2 horas e meia de voo e a comissária-chefe entrava mais uma vez na cabine em busca de informações para repassar aos passageiros. Estavam claramente nervosos e alguns haviam invadido a cozinha em busca de bebidas. Pelo sistema de som, Garcez comunicou previsão de pouso no aeroporto da região montanhosa de Carajás, anúncio que provocou arrepios na espinha de Carlos de Aquino.

A angústia das 54 pessoas a bordo era o prenúncio da catástrofe iminente. O comandante decidiu seguir o conselho de Zille e subir até 8 mil pés na tentativa de avistar alguma pista alternativa e captar melhor as frequências. Buscou o radioauxílio de Carajás e Marabá. Guiado pelos instrumentos, fez novamente um longo giro, que lhe custou mais gotas de suor e de combustível.

Durante os últimos momentos de voo, Garcez acreditava estar seguindo as frequências de Carajás e Marabá, quando na verdade, mais uma vez por causa da reflexão ionosférica, captava sinais de Goiânia e de Barra do Garças, em Mato Grosso. E, para completar a última peça desse jogo de coincidências infelizes, os pilotos também não perceberam os sinais em Código Morse emitidos pelos radiofaróis de Goiânia, fracos por causa da distância. Se ouvissem os bipes, descobririam que as frequências não correspondiam a Carajás. Naquele instante crucial, se soubessem onde estavam, poderiam se agarrar a uma última tábua de salvação. Havia combustível suficiente para chegar à base aérea militar de Serra do Cachimbo, que permitia voos noturnos e estava a poucos quilômetros de onde se encontrava o avião.

Ao ver que não chegaria a lugar algum, o comandante cortou a comunicação com o Controle de Belém e passou os minutos finais se preparando para o pouso forçado. O derradeiro contato do Varig 254 com o mundo exterior ocorreu com outro Boeing da companhia, pilotado pelo comandante Domingos Sávio, coincidentemente o mesmo colega que havia levado Zille a Brasília, para iniciar a escala de voos. A aeronave de Domingos Sávio estava parada na pista do aeroporto de Santarém, interditado à espera do voo 254. Garcez pediu a Sávio para perguntar ao Centro de Controle de Belém sobre as condições em Carajás. Imediatamente, soube que o aeroporto estava com luzes acesas e pronto para o pouso. Domingos Sávio não escondia a aflição, desejava ajudar mais. Ele perguntou por que Garcez não conseguiu chegar a Belém.

— A bússola tava com outra proa e a gente foi... Ficou andando entre Belém e Marabá e não conseguiu chegar a lugar nenhum e agora tá indo pra Marabá e não tem mais combustível pra ir a lugar nenhum, entendeu?

Não, o piloto em terra não conseguia entender a mensagem confusa que recebia. Tentou novo contato, mas Garcez decidiu cortar logo a conversa:

— Só tenho 100 quilos de combustível. Estou a 8.500 pés. Vejo duas queimadas e vou tentar o pouso.

A estratégia combinada com Zille consistia em queimar o restante do combustível e planar até alcançar a copa das árvores. O trem de pouso não seria necessário e permaneceria recolhido para um melhor controle aerodinâmico. Não havia como saber se a região era plana ou montanhosa, se iriam deparar-se com algum rio lá embaixo ou um desfiladeiro. Não existia qualquer instrução ou treinamento para um pouso às cegas. O comandante dirigiu as últimas palavras aos passageiros, dizendo a seu modo para se prepararem para o pior:

— Ó, o motor número um acabou de parar... A gente vai ter que descer agora... Eu não vou poder falar mais, porque a gente vai se preparar para o pouso, ok? Atenção, tripulação, preparar para o pouso forçado!

Os pilotos acionaram as luzes internas de emergência, que permaneceriam ligadas por algum tempo, mesmo após a parada dos motores. Já as luzes dos faróis externos e parte do painel de controle apagaram-se por completo. Embora exista uma versão da história contada por Zille, o que de fato ocorreu a partir daquele momento tornou-se um segredo para sempre compartilhado entre os dois, pois as gravações da caixa-preta pararam de funcionar, junto com os demais dispositivos eletrônicos.

Com os instrumentos à sua frente desligados, Zille reclinou o encosto da poltrona para tentar enxergar melhor o painel do comandante, que ainda operava. As pás dos motores permaneciam girando, movidas pela força do vento, permitindo o funcionamento do sistema hidráulico e o controle das asas e da cauda. O maior perigo era estolar, situação em que a frente do avião se inclina demais para cima, perde sustentação no ar e cai.

Controlando toda essa engenharia aerodinâmica para não bater de bico ou despencar por estol, Zille demonstrava mais proatividade e motivação em sobreviver do que Garcez, que suava frio e desabafava em tom melancólico:

— É, Zille... Todos nós temos um dia... Eu causei tudo isso... Que pena a gente não ter descoberto antes, né? A gente se encontra do outro lado da vida — sentenciou.

— Nada disso, a gente não vai morrer, a gente vai conseguir! — Zille repetia para o comandante e para si mesmo, enquanto segurava firme o manche, que tremia indomavelmente. O copiloto passou a assumir o controle dos comandos de voo, dos *flaps* e o que mais fosse necessário para controlar a velocidade e manter a estabilidade.

— Abaixa o nariz, abaixa o nariz! Olha a velocidade! Vai bater, vai bater! — Zille gritava para um Garcez atônito.

Sem se darem conta, acabavam de passar em voo rasante por uma aldeia indígena na reserva dos Caiapós, na divisa dos estados do Pará e Mato Grosso. Garcez encontrava-se fisicamente no *cockpit*, mas a mente parecia distante. Tudo estava arruinado de qualquer jeito. A carreira e fama de jovem prodígio estavam desmoronando devido a uma série de erros cometidos por ele, e que não começaram em Marabá.

Apenas duas semanas antes, Garcez havia enfrentado outro problema, durante uma escala em Paramaribo, capital do Suriname. Enquanto realizava uma manobra na pista, sua asa raspou em uma escada de acesso de passageiros, preparada para ser utilizada por outra aeronave que estava pousando. Aquele incidente provocou o cancelamento de voos e rendeu uma enorme bronca da empresa, que precisou arcar com os prejuízos de um pernoite internacional. Como punição, Garcez foi veladamente relegado a voos "pinga-pinga" regionais.

Desde esse dia, o comandante vivia sob constante pressão e com o ego ferido. Qualquer outro deslize, por menor que fosse, significaria sua carta de demissão. O que aconteceria se admitisse que perdeu a aeronave em algum ponto da Floresta Amazônica? Não, seria melhor contornar o problema sozinho. O falso dilema entre obedecer aos princípios básicos de segurança ou tentar a sorte para manter a carreira levou a uma estratégia desastrosa. Quando acordou para a realidade, já era tarde demais. Dessa vez, não se tratava de um simples arranhão, mas do som das asas sendo arrancadas violentamente pelas árvores.

# PARTE II

CAPÍTULO 11

# AS FASCINANTES VIDAS DA FLORESTA

Adentrar na Amazônia significa perder-se em um mundo de superlativos. Localizar-se no dossel de galhos e folhas da maior floresta tropical do mundo, coberta por uma imensa manta verde que se espalha por nove países, é uma proeza até para os filhos da selva. Mesmo durante o dia, a densa folhagem da mata esconde do chão boa parte dos raios de sol e retém o calor, formando uma estufa natural.

A floresta em seus diversos tons de esmeralda transpira e se retroalimenta com seu suor, em um ciclo contínuo de equilíbrio, que leva chuva e umidade para o restante do continente por meio de correntes de ar. Os rios voadores não são uma lenda amazônica. Manifestam-se de forma real, como reguladores do clima, ao transportar diariamente 20 bilhões de toneladas de água em forma de vapor para a atmosfera. Nem o rio Amazonas, o mais volumoso do mundo, é capaz de superar essa façanha das árvores.

Contudo, a umidade constante produzida no interior da selva não significa chuva incessante em toda a região. A porção centro-sul amazônica possui duas estações bem distintas, a seca e a chuvosa. Na estiagem, que perdura de junho a novembro, rareiam os igarapés, tão importantes para os rios e para as comunidades ribeirinhas. Com um volume menor, as águas se tornam mais ácidas e escuras devido à lenta decomposição de galhos e folhas no interior dos canais rasos e estreitos. A mata de igapó eleva-se em um emaranhando de cipós e pequenas plantas de raízes expostas, guardando espécies tão variadas quanto a vitória-régia, as orquídeas e as bromélias. São o habitat de pirarucus e tucunarés, abrigo dos poraquês, capazes de soltar descargas elétricas de mais de 600 volts, e das anacondas, que se esgueiram nas profundezas dos rios.

Ao contrário dos igapós, permanentemente inundados, a mata de várzea situa-se em um plano mais elevado e só submerge nos períodos das cheias dos grandes rios. É território de mata fechada e árvores de galhos espinhosos, que se cruzam e preenchem todos os espaços, dificultando qualquer acesso humano. Aqui, as espécies mais frequentes são o jatobá e a seringueira, mas seria impossível contar os mais de dois mil tipos de árvores nativas, entre elas, a opulenta castanheira de tronco descomunal, capaz de ultrapassar 50 metros de altura. Senhoras de vários séculos, essas gigantes naturais observam de cima os cursos d'água e oferecem, como boas mães, guarida a macacos, onças, serpentes e uma infinidade de insetos, sapos e outros seres que povoam terra e ar. Servem de abrigo também para papagaios, araras e tucanos, em uma explosão de cores durante o dia, enquanto as corujas dominam a cena noturna, iluminada apenas por um pontilhado de vaga-lumes a sinalizar o caminho por onde vagueiam os espíritos da floresta.

Na noite de 3 de setembro de 1989, todo esse silencioso equilíbrio da vida amazônica foi subitamente desfeito por um estrondo provocado pela queda de um objeto de 56 toneladas, que deixou um rastro de destruição e afugentou os animais para longe.

ooo

Um breve momento se passou até Carlos de Aquino perceber que ainda estava vivo. Afinal, se morto estivesse, não sentiria a pressão de um enorme peso sobre as costas. Sua poltrona havia saído do lugar, deixando-o espremido no encosto do assento da frente. Apesar de ter mantido a consciência, o economista não lembrava de como havia parado ali. Era como se uma cortina houvesse fechado após a queda e reaberto no meio de destroços. Ainda atordoado, piscou algumas vezes para ajustar o foco da visão. As luzes de emergência amareladas ainda estavam ligadas, revelando aos olhos um pálido cenário aterrorizante de destruição.

Canhoto, Aquino tentou primeiro retirar o cinto de segurança com a mão esquerda. O sangue congelou quando o braço não obedeceu ao seu comando. Levou um tempo até que reunisse coragem para virar a cabeça e ver o estrago. Desejando ser destro naquele momento, desafivelou o cinto usando a mão direita, e com ela apalpou o lado esquerdo para saber se estava inteiro. Constatou que o braço ainda estava lá, mas parecia solto, pendurado no corpo. Incrivelmente, não sentia dor.

Com o braço útil, juntou forças para se desvencilhar do peso de três pessoas aparentemente sem vida, caídas sobre ele. Não conseguia ver Odeane, a passageira que viajava ao seu lado. Tentou erguer-se, mas os pés estavam presos entre as ferragens. A muito custo, soltou-se da poltrona, deixando lá os sapatos, que ficaram enganchados. Liberto e descalço, Aquino instintivamente buscou a saída da aeronave, tentando enxergar algo em meio à quase completa escuridão, sem a ajuda dos óculos, guardados sabia Deus onde. Constatou que seria impossível sair pela frente do avião, pois havia-se formado um paredão instransponível de entulhos. Ele então seguiu as luzes de emergência até a parte traseira, desviando-se do amontoado de objetos e corpos inertes.

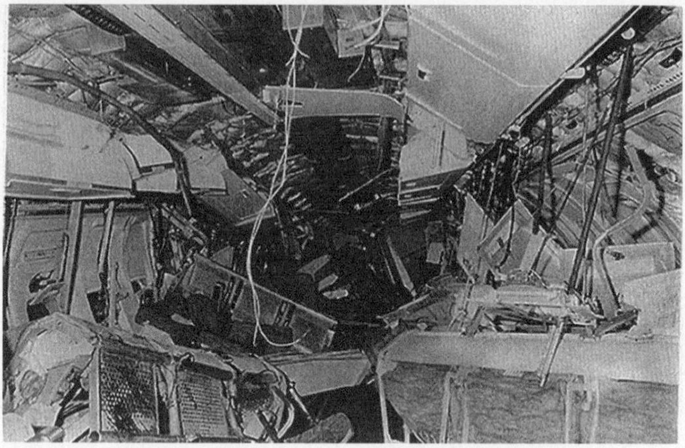

Interior do avião após o impacto.
(Arquivo Nacional)

O economista precisou escalar os carrinhos de serviço de bordo e parte da cozinha, que havia sido lançada para o meio do Boeing com a força do impacto. Ouvia sons abafados de peças caindo, como se um tampão tivesse sido colocado em suas orelhas. Ele teve a impressão de que algum utensílio o atingiu — era difícil perceber ou aguçar qualquer sentido naquele momento. Aquino também não sabia qual a gravidade de seus ferimentos. A parte primitiva do cérebro comandava, mantendo apenas a consciência de que o avião acabara de cair e que ele estava vivo e precisava urgentemente sair dali.

Quando finalmente alcançou a porta de saída, encontrou uma aeromoça desesperada, pedindo ajuda para passar pela estreita abertura, bloqueada pelos galhos de uma árvore. Mesmo com o braço fraturado, Aquino puxou o fôlego e conseguiu forças para empurrar a porta utilizando o ombro, dando espaço suficiente para a comissária descer.

Eles não sabiam em que altura se encontravam do solo, mas vozes vindas de pessoas já do lado de fora indicavam que estavam próximos ao chão. Carlos de Aquino pulou de uma altura de aproximadamente 2 metros, sem enxergar nada, e caiu num chão fofo de folhagens.

Havia ali um grupo de cerca de 10 pessoas que surpreendentemente também sobreviveram. Aquino não conseguia ver os rostos em meio à escuridão, mas sentiu uma grande felicidade em ouvir tantas vozes. Parecia um milagre estarem vivos. Permaneceram nessa euforia até alguém gritar que sentia cheiro de querosene. Isso foi o suficiente para o pânico voltar e mobilizar uma corrida insana para dentro da floresta, para o mais longe possível do avião, por medo de uma explosão. Tentavam dar-se as mãos para não se perderem no breu total ou caírem em algum buraco. Os sobreviventes adentraram mais de 1 quilômetro na mata fechada, até se sentirem a salvo novamente. E se abraçaram.

No grupo estavam duas comissárias, Flávia e Jacqueline. Elas trouxeram uma lanterna e as pessoas se reuniram ao redor do ponto de luz, no interior da selva. De repente, ouviram-se choros e gritos desesperados de uma mulher. Era Liceia Melazo, que havia conseguido sair sozinha da aeronave e fugir pela porta traseira. Ao pular, tropeçou e caiu de cabeça para baixo, enganchando-se em algum objeto, o que lhe rendeu um grande rasgo na perna. Quando os sobreviventes desataram a correr para a selva, ela os seguiu pelo instinto de sobrevivência, sem se dar conta da filha. Durante o choque, a pequena Débora desprendeu-se dos braços da mãe e ficou no avião, ninguém sabia se viva ou morta. Agora, após a fuga, Liceia suplicava para voltar, sendo impedida por outras pessoas. Era preciso esperar o raiar do dia para retornar ao Boeing sem correr o risco de se perder no meio da floresta.

Sobreviventes conversam próximo aos destroços,
com Garcez ao centro.
(Arquivo Nacional)

Quando o silêncio se abateu sobre todos, foi possível escutar um barulho que parecia ser de janelas sendo quebradas. Carlos de Aquino ficou surpreso ao constatar que mais pessoas haviam sobrevivido e ainda estavam nos destroços. Porém, por mais que quisesse, ele não poderia retornar para socorrer. As dores no braço e na coluna começavam a se intensificar. Aquino se deitou por alguns minutos na esperança de descansar ou até de dormir. Ou acordar de um sonho. Quem sabe aquilo tudo não passasse mesmo de um daqueles pesadelos bem realistas, que terminam deixando um misto de alívio e estresse após o despertar em uma cama macia.

## CAPÍTULO 12

# DESLUMBRANTE E IMPLACÁVEL

Persiste no imaginário forjado pelas diferentes religiões o ideal da floresta como uma espécie de paraíso, com clima ameno, animais dóceis e todo tipo de frutas comestíveis. Se aquele era o Jardim do Éden, para onde vão as boas almas após a morte, por que o calor incomodava tanto? E por que uma desagradável e insistente queimação de ferroada indicava a presença de formigas carniceiras?

Com a chegada dos primeiros raios de sol, Carlos de Aquino abriu os olhos e pôde ver melhor a majestosa samaúma em que se escorara, atrapalhando o caminho das saúvas, que passavam carregando enormes pedaços de folhas. Sagrado para o povo da floresta, esse colosso cheio de lendas e poderes mágicos é também chamado de "árvore da vida" ou "escada do céu". Ao contemplá-la, sobressaindo-se acima das demais, como uma verdadeira matriarca, não é difícil perceber por que é considerada a mãe de todas as árvores. Contam os antigos que suas raízes protuberantes e ocas, projetadas para fora da terra como pilares ao redor do tronco, eram usadas pelos primeiros nativos para se comunicarem. Acreditava-se que ao bater na raiz o som podia, como um tambor, ecoar por grandes distâncias.

Desejava Carlos de Aquino que as lendas fossem reais e os sons de socorro ressoassem longe para salvá-lo. Desiludido, sabia que de nada adiantaria ficar ali parado. Ao tentar levantar-se, porém, não conseguiu mexer nenhum músculo. O corpo parecia ignorar os comandos do cérebro. Tomado de pavor pela ideia de estar inválido, clamou por ajuda para se reerguer. Pessoas vieram acudi-lo e, para seu alívio, aos poucos foi retomando o controle dos movimentos, exceto os do braço esquerdo, que estava quebrado. Por sorte, não havia fratura exposta.

Sob a luz do dia, reconheceu os passageiros. Além de Liceia, com a perna sangrando e em estado de choque, estavam lá Epaminondas, Marcionílio, Antônio Farias, José Gomes da Silva, Maria de Fátima, Newton, Wilson e o italiano Giovanni. Com exceção de Epaminondas, aparentemente sem um arranhão, todos tinham cortes na cabeça e ferimentos nas pernas e nos braços.

A comissária Jacqueline estava com o rosto ensanguentado e os dentes quebrados. Falava com dificuldade. Sua colega Flávia lesionou o joelho esquerdo ao ser pisoteada por passageiros que tentavam desesperadamente sair do avião.

O grupo iniciou a caminhada de retorno à aeronave, em busca de outros sobreviventes, e durante o dia pôde ter a real dimensão da catástrofe. O pouso forçado abriu uma cicatriz de mais de 100 metros na mata fechada. A aterrissagem podia ser considerada uma proeza da aviação, um milagre, ou uma imensa sorte. Galhos e copas de árvores ajudaram a amortecer a queda e desacelerar a aeronave, que parou a apenas alguns metros de acertar em cheio uma gigantesca e sólida árvore centenária. As asas, arrancadas durante o arraste, também contribuíram para desacelerar e absorver o impacto, sobrando apenas o charuto (corpo da aeronave), que não se partiu.

Ao que parece, a pilha de escombros formou duas bolhas de sobrevivência: uma na parte traseira do avião, por onde Aquino saiu, e outra na dianteira. O agrupamento de sobreviventes que escapou pela parte da frente e passou a noite toda perto da aeronave era composto pelo comandante Garcez, as comissárias Solange e Luciane, as irmãs Rita e Elza, além de Afonso, Regina, a bebê Ariadne, Siqueira e Meire. Esse grupo empreendeu os primeiros esforços de resgate. Odeane foi retirada com o amparo de Siqueira e Solange. Ela desmaiou no impacto após bater a cabeça na poltrona da frente, ganhando um enorme hematoma na testa e um corte profundo na coxa. Gadelha, o superintendente do Ibama, também recebeu ajuda e já estava do lado de fora do avião. Ele machucou a cabeça e — desconfiava — a coluna e as costelas. Sentia como se um trator tivesse passado por cima dele.

O barulho de janelas sendo quebradas, que o grupo de Aquino ouvira na noite anterior, era proveniente do uso de uma machadinha, instrumento de segurança disponível na aeronave. O comandante Garcez, a comissária-chefe Solange e os outros passageiros haviam passado a madrugada ajudando feridos a saírem das ferragens, mas ainda seguiam incansáveis no resgate. Mesmo com um corte na cabeça, o jovem Afonso entrava e saía constantemente da cabine para separar os entulhos e socorrer as pessoas que permaneciam presas.

Aquino e os demais passageiros tinham muitas perguntas a fazer para o comandante, mas aquele não seria o momento adequado. Ainda havia crianças e adultos a serem socorridos. Inclinada, a carcaça da aeronave ameaçava tombar para o lado devido à movimentação. Por isso, os sobreviventes que não conseguiam caminhar começaram a ser retirados da lateral do Boeing e realocados na parte de trás, contra a direção do vento.

Essa medida também era uma tentativa de minimizar o desconforto causado pelo forte mau cheiro dos mortos, uma vez que a deterioração acontecia de forma veloz naquele clima quente e úmido.

O dia mal havia começado e o fedor de sangue, excrementos e corpos em decomposição já era sentido de longe. Às 8 da manhã, o sol chegou aos sobreviventes mais debilitados, sendo novamente necessário deslocá-los para um local de sombra. Atenta em oferecer um pouco de conforto, Rita distribuía revistas para quem quisesse afugentar os insetos e aliviar o calor abrasador.

Ela prestou auxílio ao advogado Fidelis Rocco, um dos mais machucados no acidente. Com o rosto desfigurado e as narinas obstruídas pelo sangue, ele sentia muita dificuldade para respirar. Também em situação crítica, Ruth não conseguia enxergar por causa dos enormes hematomas ao redor dos olhos. Marinêz não se ferira gravemente, mas a filha Bruna ainda continuava dentro do avião, com o pé enganchado nas ferragens, assim como o mecânico José Manso, cujo corpo estava preso em uma sinistra arapuca. Ele mal podia se mover sem sentir grande sofrimento e gritava devido às terríveis dores na perna, com fratura exposta.

Suportando a dor de um braço quebrado em várias partes, Carlos de Aquino fazia o possível para ajudar. Usou o ombro direito como apoio para conseguir descer ao chão o corpulento Régis. O agropecuarista havia lesionado várias vértebras, e o cinto de segurança quase estrangulou o abdome avantajado. Soltou-se dos destroços com o auxílio de Solange e, no esforço de sair, teve as roupas rasgadas. Ao se livrar dos trapos, foi arrastado para fora da aeronave, vestindo apenas cueca.

Enquanto cooperava nas tarefas de resgate, Aquino era atormentado por vozes vindas de pessoas ainda aprisionadas nos escombros, suplicando para serem libertadas. Causava enorme angústia testemunhar tanto sofrimento e não poder fazer muito. O que ele não daria para ter superpoderes naquele momento e se transformar no herói que sempre fora aos olhos de suas pequenas filhas...

Se de fora a devastação impressionava, dentro do avião a visão era ainda mais estarrecedora. Praticamente todas as cadeiras haviam sido arrancadas e empilhadas para a frente, como pedras de dominó.

Juntamente com elas, as pessoas foram arremessadas umas contra as outras, esmagadas e soterradas por assentos e pelo teto falso da aeronave, que desabara com bagagens de mão, tubulações de ar-condicionado, cabos elétricos e outros equipamentos.

Das 109 poltronas, apenas 7 permaneceram no lugar. Se o voo estivesse lotado, certamente o índice de sobreviventes seria menor devido ao impacto entre corpos e objetos.

No único assento do lado esquerdo a não se soltar estava Epaminondas, que escapou praticamente ileso. Outros não tiveram a mesma sorte. Naquele início de manhã, cerca de 20 pessoas, vivas ou mortas, ainda estavam presas à aeronave. Entre elas, encontrava-se Shiko Fukuoka, em cujo cadáver repousava a valise aberta com cédulas de dólares espalhadas pelo corpo.

Fukuoka esvaiu-se em sangue após um corte na artéria femoral, provocado pela mala de dinheiro com a qual se agarrara desesperadamente. Próximo a ele, espremido entre duas filas de poltronas, descansava o corpo inerte de Severina Leite, a mãe tão desejosa de reencontrar os filhos, e a quem Aquino prometera ajudar nos instantes finais da queda. Contra os desígnios da vida e da morte, ele nada pôde fazer.

Ao lado dos mortos, os vivos agonizavam. Haviam perdido os sentidos durante a queda e despertaram em um cenário de filme de terror. Alguns estavam com pedaços de ferro cravejados pelo corpo, e qualquer movimento apenas piorava o sofrimento. Ao se mexer para tentar desatar o cinto de segurança, Paulo Altieri sem querer machucou alguém que estava preso nessa situação penosa. O funcionário público imediatamente parou de se movimentar, tentando aliviar seu peso por cima do pobre moribundo, que se debatia e clamava por ajuda. Sem poder fazer nada, Altieri apenas esperou, estático, até que os gemidos do homem cessassem por completo.

Quem também estava em condição de extrema penúria era Manoel Alencar. O queixo do garimpeiro se partira em vários pedaços e um objeto penetrara no rosto, quase arrancando o olho direito. Alguma engrenagem havia feito um buraco no couro cabeludo e outra rasgara o joelho. Estava totalmente entranhado nas ferragens, como uma presa em uma armadilha cruel, e ainda suportando a noite inteira o peso de Régis. Foi um extremo alívio quando, pela manhã, retiraram o homem obeso de cima dele.

O calor dentro do avião era insuportável. Voluntários terminaram de quebrar todas as janelas para melhorar a ventilação e amenizar o cheiro de morte para quem ainda permanecia preso junto aos corpos. Também aproveitaram as brechas nas janelas para oferecer líquidos aos sobreviventes, com o auxílio de canudos. Para os que se encontravam mais distantes, foram improvisados tubos feitos com pedaços de dutos das máscaras de oxigênio.

O trabalho de retirada dos sobreviventes prolongou-se por todo o dia, dando prioridade às crianças, que estavam quietas e silenciosas. Em contraste, os adultos se agitavam, clamando por socorro imediato. Maria Delta, com a perna enganchada, berrava dizendo estar grávida e pedia preferência. Cleide e a filha Thais também estavam presas pelos pés. Evandro, o marido de Régia, permanecia imobilizado entre os destroços, enquanto a companheira tentava de todos os modos acudi-lo. Evandro suplicava para que a mulher não o abandonasse e os dois trocaram juras de amor. Estavam reconciliados. No afã de resgatar logo o marido, ela pediu ajuda a Afonso e propôs uma recompensa. O jovem se sentiu ofendido e recusou a oferta. Ele disse que carregaria Evandro para fora do avião de bom grado, sem aquele tipo de proposta.

Ao cair da tarde, o oftalmologista João Matos foi retirado, também por Afonso, com apoio de Rita e Meire. Estava urinado e encharcado pelo sangue de um homem, que o banhara até a morte. O médico passara mais de 15 horas ajoelhado nos destroços, em posição extremamente incômoda, contorcido entre corpos e metais. Cada tentativa de ajustar a posição era acompanhada pela dor lancinante de um objeto pontiagudo penetrando em sua perna. Ele também precisava ficar parado para não pressionar o corpo da menina Bruna, que estava por baixo dele.

Após resistir à agonia e ser libertado junto com Bruna, João Matos não teve tempo para descanso. Os sobreviventes depositavam muita confiança nele, pelo fato de ser o único médico a sobreviver. Recebeu uma muleta improvisada e, a muito custo, lutando contra dores horríveis, arrastou-se para pegar sua maleta de trabalho e empreender o que um especialista em visão pudesse fazer para tratar de ossos fraturados, dentes quebrados e carnes dilaceradas.

## CAPÍTULO 13

# SAMAÚMA TECNOLÓGICA

O clima da floresta amazônica envolve como um cobertor reforçado, enquanto o excesso de água em forma de vapor deixa o ar pesado, dificultando a respiração nessa estufa biológica. Mesmo com a folhagem das árvores impedindo a incidência direta dos raios solares, a ausência de chuvas e a elevação da temperatura, típicas do mês de setembro, tornam o ambiente um desafio inóspito para um ser humano despreparado.

Nesse contexto, o calor desgastante e a sede implacável abatiam até os sobreviventes mais saudáveis. Carlos de Aquino pingava suor por todos os poros, envolto em uma desidratação letal. Os corpos dos mortos apodreciam rapidamente. Para não agravar o fedor, optou-se por deixar os demais cadáveres dentro da aeronave, entre eles, Marcus Mutran, o jovem bonito de futuro promissor, e a comerciante Hilma Freitas, que não pôde realizar o sonho de rever os parentes. Também permaneceram na cabine transformada em sepulcro o procurador Antônio José do Nascimento e o professor Henrique Antunes.

Na clareira aberta pelo rastro do avião, aqueles que estavam em melhores condições de saúde começaram a montar abrigos com folhas e objetos retirados dos destroços. As poltronas, a maior parte delas suja de sangue, faziam as vezes de camas. Cobertores serviam de macas para carregar os enfermos. As toalhinhas do encosto dos assentos eram usadas como ataduras para os feridos e máscaras ajudavam a suportar o odor da morte entre os que permaneciam no interior da aeronave.

O cenário no acampamento assemelhava-se a uma zona de guerra: rostos ensanguentados, pessoas gemendo de dor, algumas lutando contra diarreia, vômitos e desidratação extrema. Sem forças para se mover, sujavam-se nas próprias roupas. As precárias condições de higiene favoreciam a proliferação das moscas varejeiras e vespas. Dejetos não enterrados e fraldas jogadas no chão atraíam um verdadeiro enxame de insetos. Para agravar a situação, as mulheres começaram a menstruar ao mesmo tempo, um fenômeno provavelmente desencadeado pelo alto estresse. Sem outra opção, elas precisaram improvisar absorventes feitos de guardanapos e sacos de plástico.

Cada um se arranjava como podia. Enquanto Regina enfaixava a cabeça de Afonso para proteger a ferida, Marinêz abanava Bruna e lhe dava pedaços de pano para morder, na tentativa de consolar a filha. A menina, que ficara durante 10 horas com a perna direita presa entre as ferragens, estava com o membro macerado, a coloração arroxeada se espalhando cada vez mais. Os cabelos, antes amarrados em dois pitós coloridos, cobriam parte do rosto infantil, que ardia em febre.

Em outro canto, o garimpeiro Manoel Alencar gritava muito enquanto retiravam suas roupas sujas. A vestimenta estava encharcada de sangue, um prato cheio para as varejeiras, que ali pousavam e depositavam seus ovos. Perto dele, com duas costelas fissuradas e sem entender direito português, o estrangeiro Giovanni Mariani sentia-se isolado e assustado, como um peixe fora d'água em plena floresta tropical. Enquanto isso, indiferente aos apelos do oftalmologista João Matos, Régia insistia em continuar usando as lentes de contato azuis.

Aquino ao lado do italiano Mariani, no último dia de selva. (Arquivo Nacional)

Um pouco mais afastada do acampamento, Josete, a matriarca da família Melazo, repreendia a nora, acusando-a de ter abandonado a filha pequena. Liceia havia finalmente reencontrado Débora, resgatada pelo passageiro Antônio Farias. A menina passara a noite dentro do avião, sozinha e soluçando de medo. Foi assim que completara o seu primeiro ano de vida. A criança escapou dos destroços com um corte na cabeça e uma fratura no cotovelo esquerdo, sendo encontrada em situação melhor que a de seus primos. Giuseppe, o garotinho de 3 anos e filho de Kátia, não resistiu aos ferimentos. O irmão dele, Bruno, estava desacordado, parecia em coma. Para completar a triste sina da família, a vida de Kátia, mãe de Giuseppe e Bruno, esvaiu-se em uma hemorragia.

Tão absorto estava com aquelas imagens apocalípticas, que Carlos de Aquino sequer lembrava da boa alma que lhe fizera uma tipoia com folhas de bananeira selvagem, para amenizar as dores do braço estilhaçado. Enquanto caminhava procurando alguma ocupação, pisou em um pedaço de fuselagem e cortou o pé descalço. Que falta faziam seus sapatos, que ficaram enganchados nas ferragens. Precisava logo arranjar um jeito de se proteger dos objetos pontiagudos, dos carrapatos e do ataque furioso das formigas-de-fogo, ávidas pelo que houvesse à frente, cumprindo seu papel de lixeiros naturais. Olhou em volta e achou uma solução mórbida, porém, a única disponível. O corpo ali, aparentemente com o pé do mesmo tamanho do seu, não iria se incomodar. Aquino fez um sinal da cruz, pedindo perdão pelo ato, retirou os sapatos do defunto e os calçou.

Naquela circunstância surreal, não havia hierarquia, nada era de ninguém, e tudo era de todos. Os sobreviventes fizeram um levantamento de alimentos sólidos, bebidas não alcoólicas e remédios. Ao examinarem o estojo de primeiros socorros da aeronave, constataram a escassez de medicamentos adequados para situações de emergência naquele campo de batalha: apenas alguns analgésicos, remédios para enjoo, mercúrio, Merthiolate, água oxigenada e gazes. A esses materiais, os passageiros juntaram os próprios medicamentos que levavam na viagem. Também fizeram uma busca no compartimento de cargas, arrombado com o uso da machadinha. Ali procuraram a bagagem do doutor Matos, com itens que ele iria levar para seu consultório particular em Belém. Ainda dentro do porão, Afonso assobiou à procura de Leti, mas a cachorrinha não deu sinal de vida.

Nas bagagens encontraram também queijo, vários quilos de feijão e outros mantimentos. Muitas famílias do interior tinham o costume de levar na mala produtos alimentícios para os filhos que estudavam em Belém. Alguns alimentos, porém, estavam cobertos de sangue ou impróprios para consumo. Pouco sobrou do estoque de água e refrigerantes. Frutas, sucos de caixinha e leite foram reservados às crianças.

A primeira confusão surgiu quando alguns sobreviventes foram descobertos tentando esconder água e mantimentos, causando uma indignação geral. Carlos de Aquino apenas observava a agitação de longe. Não sentia um pingo de fome, mas a sede era avassaladora. A bebê Ariadne, por sua vez, tinha sua refeição garantida. Amamentada por Regina, dormia tranquilamente. Graças à concha protetora armada pela mãe durante a queda do avião, a bebê não sofrera qualquer arranhão. A preocupação de Regina agora era preservar a própria saúde para cuidar da filha e lutar contra a desidratação que assolava.

Água era de fato o bem mais precioso a ser preservado. Carlos de Aquino ingeria a conta-gotas o que recebia, tentando manter a umidade na boca o máximo de tempo possível. O consumo de líquidos para os adultos foi limitado a um copinho de café a cada hora. Contudo, mesmo com esse racionamento, à tarde já não havia mais reservas. Os sobreviventes estavam no limiar do desespero.

Apesar da condição de penúria e das múltiplas sequelas, o garimpeiro Manoel Alencar tentava ajudar. Conhecedor das artimanhas da natureza, sabia que as bananeiras poderiam indicar a existência de um lençol freático e, por isso, sugeriu que se fizesse uma escavação até o fim da raiz da planta. As bananeiras existem na Amazônia desde tempos desconhecidos e são usadas pelos nativos para fins medicinais, com propriedades diuréticas. Crescendo de forma natural na floresta, essas bananeiras selvagens produzem um pseudofruto formado basicamente de casca, com interior de sementes grandes e duras, impróprias para consumo. Nada comparado à banana cultivada e comestível, que vai à prateleira do supermercado.

Carlos de Aquino começou a cavar a bendita bananeira junto com outras pessoas, usando as próprias mãos e também partes da fuselagem. A terra estava úmida, porém, sem resquício algum de água brotando ali. Olhou para o céu sem nuvens e sem perspectiva de chuva. Uma grande frustração o abateu.

Paralelamente às necessidades imediatas de busca por alimentos e bebidas, os sobreviventes pensavam em alternativas para saírem dali. A tripulação retirou do avião o Transmissor Localizador de Emergência, mais conhecido como rádio *beacon*, um aparelho capaz de emitir sinais via satélite por até 48 horas em caso de pouso acidental na água. O equipamento fazia parte do kit de sobrevivência marítimo e estava dentro do bote salva-vidas da aeronave. Tinha a mesma cor da caixa-preta, ou seja, era laranja. Para Carlos de Aquino, parecia um extintor de incêndio com antena. Mas havia um problema: o aparelho era composto por uma bateria de reação química, ativada na presença de líquido salino. Isto é, só funcionava embaixo d'água, um artigo de luxo inexistente naquele momento.

O jeito era improvisar. Para acionar o equipamento, colocaram-no em um balde contendo gelo derretido do serviço de bordo, mas a quantidade disponível era insuficiente para submergir e fazer funcionar o rádio transmissor. Além disso, era necessário um pouco de sal. A solução inusitada foi completar o volume de água que faltava com urina, e Carlos de Aquino também deu sua parcela de contribuição.

O *walkman* no bolso de Solange emitiu um ruído de interferência, comprovando que o *beacon* funcionava. Os sobreviventes vibraram de alegria e agradeceram tanto a existência do *beacon* quanto daquele *walkman* rádio e toca-fitas portátil, acompanhado de fones de ouvido, que era a sensação da juventude dos anos 1980. Agora, restava rezar e esperar que alguém captasse os sinais daquela "samaúma tecnológica".

## CAPÍTULO 14

# O PROTAGONISMO DAS MULHERES

Os sobreviventes acompanhavam a comissária-chefe Solange ler em voz alta o manual de sobrevivência, que recomendava como primeira providência a busca por água. Solange padecia de fortes dores no pescoço e na coluna, consequências de ter dispensado o uso do cinto torácico durante a aterrissagem de emergência. Sentada em concha no sentido oposto ao dos passageiros, ela evitara o risco de ter algum objeto arremessado contra o rosto, mas se lesionara pelo movimento de chicote durante a desaceleração. Apesar das sequelas, a paulista era, entre as quatro comissárias, a que se encontrava melhor fisicamente e a que tomava a iniciativa, também por ser mais experiente. As cariocas Flávia e Jacqueline, ambas com 22 anos, estavam na profissão há pouco tempo, e a gaúcha Luciane, da mesma idade, acabara de contar 3 meses de aviação.

Solange também era muito jovem, com apenas 25 anos de idade. Jamais imaginou perder-se em uma floresta tropical. Sem verbalizar, lamentava a falta de kits de sobrevivência na selva e a quantidade insuficiente de medicamentos e curativos. Havia apenas uma "farmacinha" básica com alguns materiais para feridas superficiais. Seria necessário usar o que existia à disposição. Isso significava imobilizar fraturas com forro de poltronas, colocar óleo, uísque ou vodca nas feridas e realizar outras práticas nada convencionais para evitar infecções e a proliferação de larvas de varejeiras.

Com Solange, um grupo de mulheres se destacava no cuidado aos mais enfermos, limpando as feridas e trocando as roupas ensanguentadas por limpas. Regina aproveitava o que quer que encontrasse para preparar refeições. Nesse ínterim, Rita organizava um banheiro improvisado atrás de uma árvore não muito distante, para que ninguém sumisse de vista. Lá, deixou também guardanapos para higiene pessoal e pulverizou desodorante no ar para camuflar o mau cheiro e espantar as moscas.

Carlos de Aquino testemunhava o esforço dessas mulheres. Rita entrava constantemente no avião em busca de pessoas e insumos, sempre com um turbante na cabeça e um lenço amarrado no rosto, para suportar o odor pútrido. Dentro da aeronave, distribuía água e palavras de conforto para quem ainda estava aprisionado. A visão de corpos desfigurados, o sofrimento e a podridão do ambiente provocavam náuseas, mas ela não esmorecia.

Rita estava nesse ritmo frenético desde a madrugada do acidente. Havia ajudado Elza a sair da aeronave e, depois de deixá-la em segurança no chão, voltou aos destroços em busca de lenços para tentar conter o sangramento na cabeça da irmã. Usou a mangueirinha da máscara de oxigênio para amarrar com força o pano na ferida e puxou uma cortina para agasalhar Elza. Como a irmã continuava perdendo sangue, Rita precisou buscar mais guardanapos no avião para substituir os encharcados. Deitou a parente sobre o cobertor, sempre conversando com ela para mantê-la atenta. O temor era de que a irmã dormisse e não mais acordasse. Enquanto cuidava de Elza, tentava estancar o próprio sangue, que escorria da boca e de um corte atrás da orelha. O inchaço a fazia sentir como se os lábios tivessem o dobro do tamanho.

Mesmo em meio ao caos, Rita também se preocupava com as demais pessoas. Para aliviar o calor dentro do avião, ela teve a ideia de quebrar as janelas. Conversou pela primeira vez com o comandante Garcez, que falou da existência de uma machadinha na cabine dos pilotos. A única maneira de acessar o compartimento era por um rasgo na fuselagem, no lado direito do Boeing.

Passando por cima de galhos e entulhos, Rita havia conseguido alcançar a cabine dos pilotos. Lá, encontrou o copiloto Nilson

Zille arquejando, preso apenas por uma das fivelas do cinto de segurança. Enquanto o lado de Garcez permaneceu praticamente intacto, com o comandante sofrendo apenas alguns arranhões, o do copiloto havia recebido o maior choque ao ser atingido por uma árvore, que arrancou toda a lateral do *cockpit* e pedaços de carne da perna direita de Zille, quase até o osso. A morte não o alcançou por um triz.

Zille perdera os sentidos após o impacto, e Garcez já o havia dado como morto. Quando acordou, foi tomado de pavor ao perceber o lado direito do corpo paralisado e uma dor lancinante na nuca, resultado de uma violenta pancada na moldura de metal da poltrona, que não tinha revestimento acolchoado. Apoiou o braço esquerdo em algo estranho e levou um tremendo susto ao notar que era o cadáver de alguém. Durante o impacto, um passageiro havia sido arremessado para a porta da cabine dos pilotos, arrombando as dobradiças e parando no painel de comando. O corpo seria do médico Serrano Brasil, o vulto que, na lembrança de Aquino, passou como um projétil nos instantes finais da queda. Seu rosto ficou impresso na porta, como se deixasse uma última mensagem para os pilotos. Incomodado, Zille desviou o olhar daquele homem e se deparou com a ponta de um galho de árvore a poucos centímetros do rosto.

Incapaz de mover sequer um músculo, o copiloto achou que ficaria ali à míngua, até ouvir a voz de Rita. Com a ajuda de uma corda, ela empreendeu grande esforço para auxiliar o homem a descer pelo rasgo da cabine. Já do lado de fora, deitou-o no chão, ao lado da aeronave. Rasgou a calça dele na altura do joelho e fez um torniquete na perna, utilizando um cinto. Zille pediu um cigarro e uma toalha para conter o sangramento na cabeça, balbuciou alguma palavra sem sentido e desmaiou.

## CAPÍTULO 15

# O MATEIRO

À medida que o tempo passava, a condição dos feridos piorava e o céu não mostrava nenhum sinal de socorro à vista, a regra inicial de permanecerem todos juntos começou a ser reavaliada. Era preciso encarar a realidade, abandonar a inércia da mera espera e traçar outras estratégias.

Os passageiros resolveram tomar a iniciativa nas decisões. Os membros da tripulação, todos vivos e teoricamente mais instruídos e responsáveis por lidar com emergências, pareciam desnorteados. Nenhum deles havia recebido treinamento específico para sobrevivência na selva. A comissária Flávia se queixava da falta de sorte. Mesmo com pouco tempo de voo, já havia enfrentado três situações de emergência e se considerava azarada. Ela caminhava com dificuldade, precisando do apoio de um tronco, que usava como muleta.

— Eu sabia que isso ia acontecer. Tudo acontece comigo — lastimava-se a carioca.

A conterrânea dela, Jacqueline, nem podia reclamar. Cada vez que tentava falar, engasgava-se com uma golfada de sangue proveniente de um corte na língua, o que lhe dava a sensação de ter a boca sempre cheia. Já a outra colega, Luciane, sofria para respirar devido às fortes dores no peito causadas por lesões nas costelas. Enquanto isso, o copiloto, escorado em uma árvore e quase desfalecido, era atormentado por Garcez, que insistia na necessidade de fazer um relatório.

No início, os sobreviventes nutriam um sentimento de respeito e gratidão pelo comandante, reconhecendo-o como o responsável por estarem vivos. No entanto, o comportamento distante de Garcez começou a semear insatisfação. Esperavam mais da parte dele. O comandante, que logo após o acidente tinha sido ativo no socorro às vítimas, mudou de postura, adotando uma atitude estranha e se isolando cada vez mais.

Sem muito apoio de quem deveria entender de aeronáutica, os passageiros comuns viram-se obrigados a agir por conta própria. Como não avistavam nada sobrevoando o céu, deduziram que aquele lugar não era rota de aviões. Sentados em um pedaço de asa, Garcez, Epaminondas e o médico João Matos tentavam estabelecer um diálogo construtivo. Foi então que o comandante teria confessado a Epaminondas que não fazia ideia de onde haviam caído. A notícia rapidamente se espalhou entre os sobreviventes. Sem aviso, Regina jogou-se ao solo, cheirou a terra e afirmou que não estavam em Carajás nem Marabá. As pessoas que presenciaram aquela cena se entreolharam, um tanto incrédulas.

O som do que parecia ser o motor de um avião despertou a atenção. Os sobreviventes fizeram um silêncio absoluto para escutar, depois correram para o meio da clareira, agitando roupas coloridas e espelhos, gritando feito loucos. O ruído se distanciou e a centelha de esperança se apagou junto com mais um sinalizador desperdiçado.

Depois desse episódio, Garcez decidiu controlar o uso dos sinalizadores. Algumas comissárias reuniram as bagagens, a sacola com o restante dos foguetes, almofadas e lençóis, levaram para outro ponto da clareira e montaram uma tenda para a tripulação. Um sentimento de revolta floresceu entre os demais sobreviventes.

— Aqui somos todos iguais! — disse Rita, que puxou o movimento.

Ela se dirigiu até a tenda da tripulação com a irmã e lá se deitou em uma cortina estendida no chão. Em seguida chegaram Regina com Ariadne, Meire e outras mulheres. De repente, uma pequena multidão se acomodou no acampamento que seria da tripulação. Após um dia inteiro de desgastes, desentendimentos e zombarias contra seus funcionários, Garcez se exaltou, disse que já estava cansado e que, dali em diante, seria "cada um por si".

Embora chocados com aquela declaração, os passageiros não se abateram. Ainda tinham uns aos outros e sabiam que somente o esforço coletivo poderia tirá-los dali. Diante de tantos especialistas e profissionais formados, quis o destino que um dos grandes heróis dessa tragédia fosse um jovem simples e de poucas letras, nascido e criado no interior de Açailândia. Afonso era um mateiro, aquele que auxilia outros a entrarem na selva para demarcar terras ou realizar os mais variados trabalhos rurais. Sua sabedoria era prática, forjada na escola da vida e na observação milenar da natureza, transmitida pelas gerações.

No meio da tarde, depois de ajudar a retirar quase todos os que estavam nos destroços, Afonso escalou um jatobá de mais de 20 metros, na tentativa de avistar algo. Seus olhos viram apenas selva, mas os ouvidos se aguçaram até perceberem o assobio insinuante de uma ave.

— Vocês ouviram? Esse pássaro só existe perto de brejo ou nascente. Vou seguir o canto dele.

Era o som do pássaro namorador. A ave, também chamada de cri-crió, peito de aço, biscateiro, capitão-do-mato e seringueiro, é pouco menor que um sabiá e difícil de ser vista. Camuflada pela plumagem cinza e amarronzada, confunde-se com as folhagens das altas árvores onde habita, da Amazônia à Mata Atlântica. O assovio forte e inconfundível pode ressoar por até 1 quilômetro de distância e alcançar níveis de decibéis comparáveis aos da turbina de um avião. Esses pequenos seres utilizam a voz potente para demarcar território e denunciar a presença de estranhos, seja de que tamanho forem. Com essas habilidades, seriam os guias perfeitos de Afonso.

Carlos de Aquino achou aquilo tudo fantástico e incentivou o rapaz a seguir em frente com a ideia. Afonso convidou Siqueira para explorarem juntos o terreno. Adentrando um pouco na mata, encontraram um piquete, espécie de estaca de marcação topográfica, e mais à frente uma trilha. Seguiram por ela até o rastro acabar.

— Se essa trilha tem um fim, também tem um começo — deduziu Afonso.

A dupla então passou a fazer o caminho inverso. Aquela não era uma aventura banal. A ideia de trilha que as pessoas da cidade têm não guarda qualquer relação com a lógica da selva. O percurso que Afonso encontrou era, na verdade, demarcações feitas com facão nos galhos e troncos das árvores. Somente um olhar treinado poderia enxergar algo onde tudo parecia igual. Ele também fazia suas próprias marcações para se orientar.

Já passava das 2 horas da tarde, ainda no auge do calor abrasador. Siqueira, com o braço e a perna feridos, estava exausto e pedia para voltar, quando Afonso avistou uma samambaia:

— Tem água perto. Samambaia só dá em lugar onde tem água. Vamos lá!

Caminharam por mais 100 metros e acharam uma poça lamacenta. Aquela era a estação seca da Amazônia, quando os igarapés rareavam, formando um cenário pantanoso. O pouco de água que conseguiram coletar era marrom, quase intragável. Mas, para quem não tinha nada, representava um troféu. Encheram duas latinhas de refrigerante vazias com aquela borra e retornaram à clareira.

Afonso deixou o líquido escuro sob os cuidados de Regina, que usou um pano para filtrar a água. A sede era tanta que beberam a lama sem reclamar. O mateiro voltou para a trilha e decidiu explorar mais longe, partindo sozinho em busca de algum braço de rio. Dessa vez, passou direto pela água barrenta e adentrou vários metros pela selva até se deparar com um igarapé de água cristalina. Além do sonho concretizado de encontrar um córrego, Afonso percebeu que a trilha continuava. Como já estava escurecendo, só poderia examinar melhor o caminho no dia seguinte. Matou a sede com um bom gole e, antes de retornar ao acampamento, encheu os recipientes com o fluido precioso.

## CAPÍTULO 16

# ORAÇÃO PROTETORA

Quando Afonso chegou trazendo água límpida, os sobreviventes exultaram de alegria. Além de se hidratarem, puderam lavar as feridas. A maior preocupação era evitar a multiplicação de varejeiras, atraídas pelo cheiro de sangue e fezes. Uma vez depositados no ferimento exposto, os ovos do inseto eclodiam em milhares de larvas vorazes, que se alimentavam impiedosas da carne humana, decompondo o corpo de dentro para fora.

Para se proteger da bicheira e das ferroadas de pequenas abelhas-pretas, Aquino fez uma tipoia melhor, cobrindo todos os ferimentos com panos. As larvas, porém, já haviam infestado as pessoas em estado grave. O doutor Matos ministrava antibióticos e, mesmo diante do risco de infecção, aplicava graxa nos locais afetados, na tentativa de espantar os insetos.

A situação mais desoladora era a de Fidelis Rocco. No advogado, as moscas se instalaram no corte aberto na testa e corroeram o osso fraturado, ao ponto de ser possível ver parte da massa encefálica. O estado de penúria era tal que as pessoas evitavam chegar perto dele, tomadas por repulsa. Apesar da condição de grande sofrimento, ele permanecia quieto e ofegante, como uma presa abatida que sucumbe ao seu destino.

A cabeça de Elza fervilhava, com a sensação de algo vivo se mexendo dentro dela. O olho ferido de Manoel Alencar também estava cravejado de larvas de varejeiras e espumava. O garimpeiro exalava um fedor de morte. O médico sabia que, se o socorro não chegasse logo, essas pessoas não resistiriam por muito tempo.

A noite chegou mais uma vez. Quase todos os vivos já haviam sido retirados do Boeing, exceto as irmãs Enilde e Cleonilde, que insistiam em dividir espaço entre os corpos já em estado avançado de putrefação. Com ferimentos graves, Cleonilde alucinava, achava-se mais protegida dentro do avião e temia ataque de animais. Enilde não queria sair de perto da irmã, a pessoa que mais amava na vida.

No acampamento, os sobreviventes se reuniram para definir o grupo que acompanharia Afonso no dia seguinte, na missão de se embrenhar na selva em busca de socorro. Carlos de Aquino sabia que não seria escalado, por sua condição física e pela falta de conhecimento sobre a mata — havia deixado Vargem Grande muito cedo e sua vida desde então era essencialmente urbana. Sempre com espírito prestativo, Rita escalou-se para a empreitada, mas a ideia foi rechaçada pela maioria dos homens. Mesmo inconformada com aquela decisão um tanto machista, ela aceitou o papel de permanecer no acampamento ajudando os feridos, tarefa que também era extremamente necessária.

O comandante Garcez tentava estabelecer critérios e impor decisões, porém, já não era visto como uma autoridade. Ao final, chegou-se ao consenso de que a expedição seria composta pelo engenheiro Epaminondas, o comerciante Antônio Farias, o funcionário público Marcionílio e, claro, o mateiro Afonso.

Definidas as estratégias para o dia seguinte, ainda era preciso superar as longas horas de escuridão. Temendo risco de incêndio, os sobreviventes preferiram não acender uma fogueira. Aconchegaram-se uns com os outros nos dois núcleos que se formaram na clareira: aquele que seria o acampamento da tripulação e outra tenda mais próxima ao Boeing, onde estavam os gravemente feridos. Antes de se recolher, Rita ainda auxiliou um constrangido Zille a urinar, ajudando-o a se escorar de pé na cauda do Boeing.

Acomodado no núcleo mais afastado do avião, Carlos de Aquino procurava um lugar mais confortável e isolado para se sentar. Desejava ficar sozinho, mas o italiano Giovanni decidira grudar no seu pé e o acompanhava em todos os lugares, sempre com medo de picadas e ataques de animais. Aquino compreendia pouca coisa do que ele falava e se compadecia da situação do homem, que, na tentativa de parecer simpático, soltava um sorriso engraçado, mais parecido com uma careta.

As pilhas das lanternas da tripulação descarregaram e todos se aproximaram, buscando proteção contra a escuridão e a friagem da noite. As crianças choravam de medo, os adultos gemiam de dor. Poucos conseguiam adormecer. A floresta também nunca dormia. Os sons sinistros que vinham da mata provocavam arrepios nos braços e deixavam as pessoas em alerta, temendo ataques de predadores noturnos, principalmente a onça. Ao ouvir o barulho de pisadas, alguns começaram a gritar na tentativa de afastar uma possível ameaça. Alguém comentou que onças eram silenciosas e que o ruído deveria ter sido provocado por uma anta ou capivara. A queda do avião havia afugentado muitos bichos, inclusive as cobras, mas os restos de comida e os corpos em estado de putrefação poderiam logo atrair mais visitantes.

O ataque de animais, porém, não era o maior medo a povoar a cabeça de Carlos de Aquino, mas sim o temor de não ser encontrado. A ideia de ser para sempre esquecido sob o manto verde o apavorava. Escorado em um cepo, refletia sobre a vida, enquanto observava o menino Bruno Melazo. A situação da criança, que já havia perdido a mãe e o irmão, causava grande comoção entre os sobreviventes. Usando apenas fraldas, dormia profundamente ao lado da tia Liceia e da avó Josete. Não tinha ferimentos aparentes, mas estava sempre quieto, nunca se mexia nem chorava, preso em seu próprio universo, assim como Aquino. Apesar de estar sob céu aberto, na vastidão da Amazônia,

Carlos de Aquino sentia-se em uma gaiola, capturado por seus pensamentos.

A mente então voou para aquele tempo em que brincava de projetar histórias para as outras crianças assistirem, na distante Vargem Grande. As sessões costumavam ser interrompidas por três avisos sonoros vindos dos alto-falantes da cidade. Era o sinal de que o gerador seria desligado e todos deveriam recolher-se em suas casas antes que a escuridão tomasse conta da rua. O cenário em que se encontrava agora relembrava a mesma escuridão da memória de infância. O filme da vida continuava a passar na cabeça. Na hora de partir para estudar na cidade grande, Dona Elenir o puxou pelo braço e o fez recitar todas as orações de proteção até decorar. A mãe repetiu com ele por vários dias, até ter certeza de que havia aprendido, deixando clara a regra de refazer esse ritual todo santo dia. Naquela noite de trevas na Amazônia não seria diferente, e Aquino começou a sussurrar pedaços de uma delas:

*Com Deus adiante, paz me guie e acompanhe*
*Jesus e a Virgem Maria*
*Eu indo para Belém, para a Santa Casa de Jerusalém*
*Não serei preso nem tomado*
*Nem meu corpo castigado, nem meu sangue derramado*
*Olhos para eu olhar, pés para eu caminhar*
*Será tudo desvendado a mim*
*Assim como Jesus desvendou tudo que havia neste mundo*

Foi arrancado de seu estado de transe pelo súbito ataque de pânico de uma sobrevivente, que começou a se debater e reclamar de falta de ar. O sangue encharcava o pano que cobria um profundo corte na perna.

— Vou morrer, vou morrer! — berrava a mulher.

Carlos de Aquino a segurou para evitar que se machucasse mais.

— Calma, calma! O pior já passou, o pior já passou. A gente escapou, a gente vai viver — sussurrou, até que ela se acalmasse e voltasse a deitar, caindo em sono profundo.

Ele também desejou ter adormecido. Mas estava deveras esgotado, até para dormir. Tentou novamente uma digressão, mas vozes inclementes ressoavam em sua cabeça. Perguntava se algum dia conseguiria sair dali, se seu destino era ter a selva como túmulo.

— Por que isso está acontecendo? — questionava-se em sua revolta. Como poderia uma vida em que tudo estava dando certo, de uma hora para outra, virar de cabeça para baixo?

A fé que sua mãe tanto lhe incutira estava abalada. No esforço infrutífero de buscar distração para seus pensamentos, começou a realizar a inútil função de estalar gravetos secos. Sentia-se a pior pessoa do mundo. Aquela noite não dividia somente um dia do outro, ela separava duas vidas. Havia um Carlos de Aquino anterior, que ele mal reconhecia, e um novo, igualmente estranho.

A boca seca e as dores que sentia no braço, nos pés, na coluna e nos dentes não eram nada. A alma doía muito mais que o abatimento físico. Queria ter feito mais, muito mais, e não conseguira. Essa grande sensação de impotência, de não poder agir, de não conseguir avisar à família que estava vivo, o consumia. Imaginava o sofrimento de sua mãe, de Dolores...

Em um lance de delírio, pensou ter visto as duas filhas. A pequena no berço, a maior se prendendo nas suas pernas, como sempre fazia quando ele chegava em casa depois de uma viagem. Ele podia até sentir o cheiro do jantar que vinha da cozinha. O devaneio aliviou o passar das horas, mas não perduraria por muito tempo. Logo um novo dia surgiria, clamando pela luta por sobrevivência.

De súbito ganhou um novo ânimo. Talvez fosse a oração protetora, talvez a imagem vívida da família. Não importava. Voltaria para casa e usaria todas as forças que tinha para continuar lutando.

Olhou para o céu em busca de alguma iluminação, como se as estrelas pudessem falar. Mesmo na cicatriz aberta da mata, mal podia vê-las, eclipsadas pelas grandes copas das árvores. Não ouviu nenhuma resposta celeste, apenas o piar das corujas e o ziziar das cigarras. De qualquer forma, não iria desistir.

## CAPÍTULO 17

# A ANGÚSTIA DAS FAMÍLIAS

Aquela deveria ser uma segunda-feira comum para Dolores. Ela acordou cedo, levou Juliana à escola e voltou para casa, aguardando a ligação de Carlos de Aquino, que, a essa altura, já deveria estar no trabalho. Comunicar-se naquele tempo era bem diferente. Não existiam celulares para manter contato a qualquer momento. Como era de costume, quando o economista viajava mais tarde, ele ligava apenas no dia seguinte do telefone da empresa ou de algum orelhão, a cobrar — considerando que chamadas interurbanas eram caras e gastavam muitas fichas.

Ao retornar da escolinha da filha, Dolores estranhou a presença de vários colegas do trabalho do marido em sua porta. Brincou com eles, perguntando se tinham chegado cedo para o almoço, mas parou de sorrir quando percebeu os semblantes sérios. Nesse momento, o telefone da casa tocou. Era o chefe de Aquino:

— Dolores, o avião dele... — nem esperou terminar a frase. Dolores voltou a olhar para as pessoas em volta. As lágrimas brotaram do rosto e não conseguiu pensar nem falar mais nada coerente.

— Desapareceu? Quer dizer que caiu? Mas, meu Deus, onde?

As horas se passaram sem que Dolores pudesse ter respostas a essas perguntas. Tudo que podia fazer era acompanhar as notícias vindas pela TV, que a todo momento soltava informações sobre a localização do Boeing nos lugares mais diversos. Uma hora estava na Bahia, outra, no estado do Amazonas ou no oceano. Dolores se tornou uma espécie de zumbi em frente à tela. Não comia nem dormia, apenas escutava relatos de novas pistas, que depois se transformavam em boatos e falsas esperanças. Ela teve apenas um breve momento de distração quando avistou seus pais, que chegaram de Vargem Grande para apoiá-la.

Pelos noticiários, Dolores também via a agonia de outras famílias desesperadas em busca de alguma explicação e indignadas com o sumiço dos representantes da companhia aérea. Na madrugada de domingo, um grupo de pessoas invadiu o escritório da Varig no aeroporto Val-de-Cans, trocando tapas e empurrões e tentando agredir o presidente da empresa, que estava lá acompanhando as operações de busca. Ele precisou se esconder atrás de policiais e seguranças da Infraero.

Ao longo do dia, parentes e amigos dos passageiros desaparecidos lotavam o saguão do aeroporto e o balcão de atendimento, onde ouviam dos funcionários informações desencontradas sobre a lista com os nomes dos embarcados. Marília Altieri ainda não sabia se o marido havia de fato entrado no avião. Um dos irmãos dele saiu de Belém até Marabá em busca de explicações mais precisas e confirmou o nome do gestor público na lista do voo. No final da segunda-feira, o Departamento de Meio Ambiente do Pará já se preparava para o velório do chefe Paulo Altieri.

A bruxa parecia estar solta na aviação. Na mesma noite do desaparecimento do Boeing da Varig, um avião de modelo soviético com destino a Milão caiu em Havana, capital de Cuba, logo após a decolagem. O acidente resultou na perda das 115 vidas a bordo e de outras 40 em solo, atingidas pelos destroços. Como se não bastasse, um ato terrorista abalou o aeroporto de Medellín, na Colômbia, quando um atirador invadiu o local e disparou contra viajantes que aguardavam o embarque, matando 1 pessoa e ferindo 12. A polícia eliminou o atirador e desativou duas bombas escondidas em aviões de passageiros. As ações foram atribuídas a retaliações da organização criminosa de drogas conhecida como Cartel de Medellín.

Para completar o cenário de horrores, naquele mesmo ano de 1989, o Brasil acompanhou perplexo um assalto a banco que culminou no sequestro de pessoas e de um avião. A triste saga começou em 15 de abril, quando cinco homens armados e encapuzados invadiram a agência do Banco do Nordeste na cidade de Açu, localizada a mais de 300 quilômetros de Natal. Acuados no prédio, e mantendo reféns, eles exigiram uma aeronave. Em um Bandeirante fornecido pelo governo do estado, conseguiram voar até Teresina e depois para Belém, levando como prisioneiros o gerente do banco, piloto e copiloto. Os captores pediam ainda um resgate no valor de 80 mil cruzados novos, além de helicóptero ou carro para facilitar a fuga da capital paraense.

As negociações se estenderam ao longo de toda a madrugada, após várias tentativas frustradas de encerrar o assalto. Houve desde a intermediação de um padre até o uso de sonífero na comida dos criminosos. Foi então que o gerente Hudson Fonseca aproveitou um momento de desentendimento entre os sequestradores e conseguiu fugir pela porta do avião, que estava aberta devido ao calor. Enquanto brigava, o grupo começou a destruir os equipamentos da aeronave e a rasgar notas de dinheiro. O desfecho resultou na morte de quatro bandidos, incluindo o suicídio de um sequestrador na frente dos investigadores e a exposição do corpo na pista de pouso. Sim, os criminosos morreram no aeroporto Val-de-Cans, o mesmo onde familiares dos desaparecidos no voo da Varig agora se aglomeravam em busca de informações.

Aquele caso escabroso ainda estava vívido na memória de Dolores, sendo impossível não pressupor o pior. Seria possível que o avião onde estava Aquino também tivesse sido sequestrado? O mundo parecia determinado a atormentar o juízo de Dolores. Ainda sem receber qualquer esclarecimento da Varig, em uma época desprovida de *smartphones* e internet, o noticiário da TV surgia como sua única fonte de informação. Seria melhor conhecer logo o desfecho do que permanecer na angústia da indefinição. Naquela segunda-feira, quando o apresentador do telejornal anunciou que as buscas seriam suspensas até o dia seguinte, o desespero se tornou insuportável. Seria mais um dia de sofrimento, mais uma noite sem saber se seu "Carlim" estava vivo ou morto.

CAPÍTULO 18

# A JORNADA DOS QUATRO CAVALEIROS

Na terça-feira, tão logo o sol pintou o céu com tons mais claros, a equipe liderada por Afonso partiu na expedição arriscada em direção a algum ponto ao nordeste da selva. O grupo, no qual os sobreviventes depositavam todas as esperanças, incluía Marcionílio, que exibia cortes na cabeça, Antônio Farias, mancando devido a um ferimento no joelho, e Epaminondas, o mais inteiro do elenco, embora também castigado pelos efeitos da fome e do cansaço de duas noites sem dormir direito.

Partiram com a promessa de que ninguém sairia do acampamento sem antes ter notícia deles.

— Por favor, não abandonem a gente — suplicou Epaminondas, antes de se embrenhar na mata.

Levaram na empreitada, para dividir entre os quatro, uma sacola contendo um sanduíche, uma maçã, três isqueiros e um canivete, além de um colete salva-vidas e dois foguetes de sinalização. Eles ainda não sabiam, mas aqueles sinalizadores eram do mesmo tipo que foi arremessado em campo por uma torcedora, causando a interrupção do jogo entre Brasil e Chile. Nenhum deles sequer lembrava mais dessa partida ou poderia imaginar que o mesmo objeto criado para sua salvação pudesse ser utilizado para uma finalidade tão estúpida.

O avião caíra há 2 dias, mas a impressão era de que ali na selva o tempo se movimentava em câmera lenta, tal qual o bicho-

-preguiça, que se esgueirava entre as árvores. Os animais não perdoavam quem invadia seu território. Epaminondas esbarrou em um ninho de marimbondos e precisou mergulhar na água para escapar do ataque. Por sorte, as onças só investiam à noite, mas havia outros perigos à espreita naquele lugar em que se concentra a maior biodiversidade do planeta e onde os animais mais ameaçadores nem sempre são os de maior porte físico. Existem, por exemplo, pequenas rãs coloridas e tóxicas, com veneno 8 mil vezes mais letal do que o de uma jararaca. Outra espécie amazônica comum e temida pelos nativos é o peixe-vampiro, capaz de entrar em orifícios do corpo, atraído pelo rastro de urina. Com dentes afiados e mordida dolorosa, ele se fixa na vítima e só é possível removê-lo por cirurgia.

Apesar dos riscos, o grupo de Afonso continuou seguindo o igarapé, até chegar à mata de várzea, observando pegadas que pareciam ser de capivaras. Os sobreviventes já haviam caminhado quase 4 horas em mata fechada, debilitados por um calor escaldante, até que, como uma miragem, avistaram alguns sinais de civilização:

— Cocô de vaca! Tem fazenda aqui por perto! — concluiu Epaminondas, cheio de expectativa.

Eles recobraram o ânimo e a força nas pernas. De fato, os quatro andaram mais um pouco e encontraram uma trilha maior. Afonso escalou outra árvore e, dessa vez, enxergou um pasto, que se estendia até um cercado. Já passava das 10 horas da manhã. Ainda foi preciso caminhar mais um bocado até se aproximar da sede da fazenda. Quando avistaram dois homens a cavalo, os sobreviventes correram ao encontro deles, gritando por socorro, feito loucos. Entre a euforia e a lucidez, lembraram de sua condição maltrapilha e de que o proprietário das terras poderia muito bem confundi-los com invasores e recebê-los não com festa, mas à bala.

Cismados com a cena, os dois caboclos montados mantiveram distância de uns 30 metros daquele grupo. Um dos vaqueiros levantou a aba do chapéu e perguntou logo quem eles eram e o que queriam. Quando Epaminondas disse que eram sobreviventes do Boeing da Varig procurado por Deus e o mundo, o caboclo adiantou o cavalo e quis uma comprovação. O nome dele era Quincas, administrador da fazenda Crumaré. Para a salvação de todos, o engenheiro havia guardado o bilhete da passagem no bolso. Mostrou ao vaqueiro, que logo os levou para a casa-grande. Mal podiam acreditar que estavam salvos!

Não se sabia quem estava mais espantado, se os empregados da fazenda ao receberem a comitiva, ou os sobreviventes, ao descobrirem que estavam em Mato Grosso, a mais de 100 quilômetros da divisa com o Pará. Àquela altura, a notícia do desaparecimento do avião já havia se espalhado por todos os cantos, chegando até as regiões mais remotas do país. Porém, ninguém imaginava que os passageiros estivessem tão distante.

A fazenda Crumaré não dispunha de um aparelho de comunicação. O capataz galopou até a fazenda mais próxima, a Ferrão de Prata, onde sabia-se que havia um rádio, e lá contou toda a história ao empregado Marísio. Este fez contato pelo rádio com o patrão, o empresário João Alves, que naquele momento estava em outra fazenda, na cidade de Franca, em São Paulo. O empresário havia acabado de concluir um curso de pilotagem e sabia o que fazer: ligou para o aeroclube local, que, finalmente, transmitiu a informação para a Infraero e a Aeronáutica.

Contudo, apesar de todos esses esforços para conseguir contato com o Salvaero, uma última barreira precisava ser superada: as autoridades da Força Aérea não acreditaram na história. Devido a inúmeros trotes recebidos, estavam rigorosos quanto às informações e exigiam contato direto com algum sobrevivente.

Quincas então retornou a Crumaré em um caminhão, para transportar Epaminondas até a Ferrão de Prata. Restou ao engenheiro ser torpedeado por uma série de perguntas. O militar queria provas. O sobrevivente leu os quinze dígitos do número de seu bilhete, repassou dados da carteira de identidade e outras informações pessoais, como o número de telefone residencial. As autoridades só se convenceram da veracidade dos fatos após ligarem para a casa de Epaminondas, em Belém. A esposa do engenheiro foi a primeira a receber a fantástica notícia.

CAPÍTULO 19

# DE VOLTA AO ACAMPAMENTO

Odeane lembrava vagamente de um ataque de pânico que tivera na noite anterior e de quem a socorrera. Estava calada, quase sem forças, assim como muitos ao seu redor. Insetos entravam e saíam pelas cavidades de narizes, bocas e ouvidos. O ferimento de Rita secou e colou os lábios, forçando-a a separá-los com os dedos, abrindo novamente o corte. Com um pano, controlava o sangramento e evitava a entrada de algum mosquito.

A muito custo, as irmãs Cleonilde e Enilde Melo foram convencidas a sair do avião, 2 dias depois do acidente. Com afundamento de crânio e fratura no osso da bacia, Cleonilde encontrava-se suja pelo próprio vômito e não conseguia enxergar nem caminhar. Foi necessário carregá-la em um cobertor. Ardia em febre e pedia uma ficha telefônica para fazer uma ligação, entre outras falas sem sentido. Com três costelas fraturadas e o nariz quebrado, a situação de Enilde poderia ser considerada relativamente melhor.

As irmãs Melo foram colocadas ao lado de Régis, envolto em folhas de bananeira por não haver roupa que coubesse nele, e de Paulo Altieri, que vez ou outra perguntava por sua pasta de trabalho contendo documentos importantes. Rita se ofereceu para procurá-la na aeronave e conseguiu encontrar, além da pasta, uma carteira de cigarros. Entregou o material a Altieri e os dois deram início a uma grande amizade.

O leite do peito de Regina secou, esgotado pelo estresse e a desnutrição. Enquanto a mãe se ausentava para buscar água, a bebê Ariadne chorava copiosamente. Regina ia ao igarapé e voltava, equilibrando habilmente na cabeça um caixote cheio d'água, que usou para dar banho na filha e aliviar a sede dos feridos. A menina havia sido entregue aos cuidados de Elza, que começou a oferecer o próprio seio para que ela sugasse, como uma espécie de chupeta natural para distrair a criança.

Vários grupos se revezavam na tarefa de buscar mais água no córrego. Carlos de Aquino estava empenhado, além de Rita, Elza, Solange, Fátima e outros, sempre acompanhados de Siqueira, que conhecia o caminho e orientava todos a ficarem juntos para não se perderem. A caminhada durava cerca de 40 minutos em mata fechada, arranhando-se nos cipós e galhos espinhosos, suportando o clima quente e abafado, carregando caixas de isopor, jarras e qualquer outro utensílio que acumulasse água. Atravessavam o primeiro poço lamacento encontrado por Afonso, afundando no lodo até os joelhos, e logo encontravam terra firme e o riacho à frente. Os animais começavam a perder o medo do estrondo causado pela queda do avião e já era possível avistar alguns macacos pulando de galho em galho.

Na jornada de volta ao acampamento, muito do líquido acabava se perdendo, devido aos obstáculos a serem desviados ao longo do caminho. Por isso, a água ainda precisava ser racionada. Os que desempenhavam tarefas mais desgastantes tinham direito ao dobro de copos. Algumas pessoas tentavam comprar mais água, atitude repudiada pela maioria.

Preocupada em baixar a febre de Bruna, Marinêz dava banhos na filha, sob protesto de Josete, que achava aquilo um desperdício de água. Enquanto isso, Regina usava o líquido também no preparo da comida. Fazia um fogaréu para esquentar o feijão em uma lata e acrescentava queijo para dar algum sal e gosto à refeição. Com uma das mãos, mexia o ensopado, e com a outra, acalentava a filha.

Mesmo com todo o esforço, o feijão apresentava-se duro e insosso. Carlos de Aquino, que estava sem qualquer apetite, experimentou um pouco do preparo apenas por consideração. Rita, com a boca sempre aberta, tentava engolir o caldo sem que escorresse pelo corte. Desistiu de comer e pegou o isqueiro. Era fumante inveterada, e o ferimento não seria empecilho para uma tragada. O cigarro tornara-se seu alimento e alívio para a ansiedade.

Algumas mulheres retornaram às margens do rio munidas de escovas de dente, sabonete e xampu para se lavar da sujeira, principalmente de sangue seco, grudado nos cabelos e nas unhas. O banho proporcionou momentos de descontração e lampejos de alegria ao se verem limpas e revigoradas. As comissárias Jacqueline e Luciane também optaram por se refrescar no igarapé. Antes, pegaram os biquínis em suas malas de viagem e se trocaram no meio da selva. A atitude, porém, gerou revolta e incompreensão nos demais sobreviventes. Rita se incomodou com a súbita recuperação de saúde das moças. Outras pessoas interpretaram a atitude como uma exibição desnecessária das jovens, que aparentavam divertir-se e estar bem à vontade em momento tão impróprio.

A verdade era que a paciência dos passageiros com a tripulação já estava se esgotando. À exceção da comissária-chefe Solange, o restante dos funcionários mantinha certo distanciamento dos demais sobreviventes. A postura fria do comandante Garcez também não contribuía para um bom clima. Houve quem o acusasse de ter consumido bebida alcoólica, se distraído com o jogo do Brasil ou até mesmo de ter mantido relações com alguma comissária na cabine, causando o acidente. Já Garcez achava que os passageiros viam a tripulação como serviçais, dispostos a atender prontamente qualquer solicitação. Os ânimos de todos estavam exaltados naquela coexistência forçada, embora também existisse a consciência de que era preciso manter a calma e o sangue-frio ou tudo ficaria pior.

Naquele dia, até o temperamento pacato de Carlos de Aquino foi testado ao limite na convivência com Garcez. Com o braço esquerdo quebrado em várias partes, o economista usava com dificuldade a mão direita para tomar a sopa, derramando parte do alimento antes que chegasse à boca.

— Que dificuldade toda é essa? Está fazendo corpo mole, rapaz? — comentou gratuitamente o comandante, desconhecendo que Aquino era canhoto.

A completa falta de empatia irritou Aquino profundamente. O menosprezo diante de um momento de dor deixou o sobrevivente arrasado e fez o sangue ferver. Surgiu de forma avassaladora a vontade de esmurrar Garcez com o braço "vivo". Contudo, Carlos de Aquino segurou seu ímpeto, calculou que não valia a pena. Melhor seria manter a cabeça no lugar, direcionando as energias para retornar ao lar.

Sem notícias do grupo de Afonso, os sobreviventes já se preparavam para mais uma longa noite. O sol estava quase sumindo no horizonte quando os acampados começaram a ouvir o som de aviões voando baixo. Dessa vez não eram apenas pequenos pontos distantes, de fato estavam perto!

No meio do oceano verde, uma clareira de apenas 100 metros não significava absolutamente nada. Seria muito difícil para alguém vindo de cima localizar o lugar onde estavam. Os sinalizadores ficaram imprestáveis por causa da umidade da floresta. Para tentar enviar algum sinal aos céus, Rita e Gadelha tiveram a ideia de construir um aceiro, tipo de fogueira que se faz na selva, usando folhas verdes. Antes, porém, seria preciso limpar bem ao redor para evitar que o fogo se alastrasse pela mata.

Carlos de Aquino e Gadelha se voluntariaram para fazer a manutenção da fogueira. Com o braço bom, o economista varreu o chão com a ajuda de um galho, fazendo um círculo e amontoando folhas de árvores no centro. Os sobreviventes pegaram dois extintores do avião e deixaram a postos, caso o fogo se espalhasse.

Rita se preocupava em fornecer mais água para manter hidratados os que alimentavam a fogueira.

Aquino jogou uma roupa ensanguentada no fogo e constatou que era um ótimo combustível. Sem sair de perto do aceiro por nem um minuto, solicitou mais material para fazer crescer aquela chama. A fumaça que fugia para o alto havia se transformado em sua tábua de salvação.

CAPÍTULO 20

# AGULHA EM UM PALHEIRO

Após ter recebido pelo rádio da fazenda Ferrão de Prata as informações sobre o local do pouso forçado, conforme relato dos quatro passageiros que se embrenharam na mata, a Força Aérea se viu em uma situação delicada e vexatória, que foi tratada com extrema discrição nos bastidores dos gabinetes militares. Isso porque o Inpe, instituto brasileiro dedicado à pesquisa e exploração espacial desde 1961, situado na cidade de São José dos Campos, já sabia da posição aproximada do Boeing desde a manhã do dia anterior. Sinais emitidos pelo rádio *beacon* ativado com água e urina dos sobreviventes foram captados pelo sistema de satélites monitorados pelo instituto e deram aos pesquisadores indícios sobre o paradeiro do avião.

O comunicado do Inpe, porém, havia sido desconsiderado de início pela Aeronáutica, que não acreditava na possibilidade de o avião ter parado em lugar tão distante da rota. Antes de concentrar as buscas na região informada pelo Inpe, os militares acharam melhor fazer a procura primeiro na trajetória original e em suas imediações, com base nas referências fornecidas pelo comandante Garcez. O plano inicial era esgotar todas as possibilidades dentro do que achavam ser a provável área de queda.

Ao ter certeza, por meio dos sobreviventes, de que a aeronave caíra a quilômetros de distância do trajeto normal, no Alto Xingu, a Força Aérea rapidamente deslocou o salvamento para o norte de Mato Grosso. Dada a imprecisão das coordenadas fornecidas pelos equipamentos à época, a área de busca ainda era vasta. Por esse motivo, a região fora dividida por equipes, de forma que a cobertura ocorresse o mais rápido possível.

Um dos grupos de salvamento, comandado pelo capitão Celso Vieira Júnior, já sobrevoava quase ininterruptamente uma vasta região de floresta há 36 horas. O Hércules C-130, com quatro motores turboélices e autonomia de voo de 19 horas, estava prestes a voltar para reabastecimento quando um dos militares avistou uma pequena fumaça entre a copa das árvores, no meio do nada. O comandante achou mais provável se tratar de um incêndio natural ou uma coivara, provocada por índios que ateiam fogo na mata para plantio. Mesmo na dúvida se valeria a pena o deslocamento, dado o baixo nível de combustível e a escuridão que logo chegaria, o militar decidiu investigar.

Ao sobrevoar baixo o local, avistou, escondida entre as árvores, a cauda de uma aeronave com a inconfundível estrela azul, símbolo da Varig. Perto dali, havia pessoas gritando e erguendo as mãos para o céu.

## CAPÍTULO 21

# CENAS DE FILME

Quando Carlos de Aquino viu homens descendo de helicóptero em cordas, como nas cenas épicas dos filmes de Hollywood, teve medo de que a visão o estivesse traindo. Ao seu redor, sobreviventes se abraçavam e choravam. Então era real, estavam salvos. Aquino, contudo, não conseguia fazer parte daquela alegria esfuziante. Parecia entorpecido, ainda no limiar entre ficção e realidade, naquele filme que se encaminhava para um desfecho.

Primeiro a descer ao solo, o sargento João Batista Fusquine ficou desconcertado ao ser envolvido por um atropelo de mãos, beijos e abraços de pessoas que choravam compulsivamente. O militar também se impressionou com o mau cheiro de corpos em decomposição, que impregnava o ambiente e tornava a respiração difícil. Mesmo acostumado a emergências, sentiu-se abalado pela crueza daquela cena e pela avalanche de sentimentos revelados por olhos cheios de esperança e desespero.

Garcez, que nas últimas horas de selva jazia apático, despertou do marasmo e foi ao encontro da equipe de resgate, mostrando-se muito participativo. A um dos soldados, apresentou-se como oficial da reserva e disse que estava tudo sob controle. Perguntou também se estavam perto de Carajás e ficou surpreso quando soube a verdadeira localização.

Enquanto as equipes de salvamento atuavam, o gigante camuflado da FAB enchia o ar com o estrondoso rugido dos motores, lançando paraquedas com fardos de alimentos, água e remédios.

A ação encontrou obstáculo na densa vegetação da selva, e vários pacotes acabaram presos nas copas das árvores, pendendo como frutos inalcançáveis.

Não houve tempo para novas tentativas de ajuda pelo céu. Com o sol desaparecendo de vez no horizonte, os helicópteros que sobrevoavam a área precisaram retornar à base improvisada, instalada na fazenda descoberta pelo grupo de Afonso e Epaminondas. O salvamento naquela ocasião ainda não dispunha de equipamentos especializados para operações noturnas. Sem possibilidade de remover todas as pessoas ainda naquela noite, apenas Cleonilde, cujo estado era mais crítico, foi resgatada imediatamente. Os demais precisariam enfrentar mais uma noite na selva.

— Você vai na frente, eu estou melhor — Enilde segurou a mão da irmã, fria como gelo, e se despediu.

Enilde a viu pela última vez amarrada à maca e sendo içada até o helicóptero que pairava sobre as árvores. Cleonilde, sua irmã e melhor amiga, não resistiu e morreu a caminho do hospital.

No acampamento, ainda não se sabia do destino fatal de Cleonilde. Em meio à mistura de emoções, pouco antes do retorno das trevas da noite, ouviu-se o estouro de uma rolha. Era dia do aniversário do Siqueira. O italiano Giovanni havia recuperado uma garrafa de vinho de sua mala e parte do grupo de sobreviventes comemorou ali mesmo, enquanto a equipe de salvamento continuava a missão de medicar, alimentar e proporcionar um mínimo de conforto aos mais debilitados.

## CAPÍTULO 22

# A TERCEIRA NOITE NA FLORESTA

Após receber os primeiros socorros, Carlos de Aquino foi classificado como prioridade oito e só sairia da cena do acidente na manhã do dia seguinte. Seria mais uma noite na selva, pelo menos com a certeza de que seria a última.

Quatro soldados permaneceram no acampamento em vigília. Entre eles estava o sargento Marcus Vinícius, que também era enfermeiro. Contando com a orientação do doutor Matos, o profissional de saúde agia com rapidez examinando os feridos e identificando os mais enfermos, aplicando injeções de morfina para aliviar a dor. Os militares compartilhavam suas próprias roupas com os sobreviventes. A pequena Ariadne foi envolta em uma camisa branca, cujo tamanho a fazia quase desaparecer, como se fosse um imenso manto.

Com a movimentação, as horas pareciam passar mais depressa. Perto da meia-noite, Aquino avistou vários pontos luminosos emergindo da selva e se aproximando rapidamente. Era um outro grupo de resgate, composto por dez militares e empregados da fazenda vizinha, munidos de lanternas, machados e motosserra. Eles tinham chegado por terra conduzidos pelo mateiro Afonso.

Ao fim da heroica expedição até a fazenda, os sobreviventes Epaminondas, Marcionílio e Antônio Farias já haviam embarcado em um avião com destino ao hospital, em Brasília. Afonso, porém, recusou-se a partir, prontificando-se a guiar os militares na escuridão da mata e voltar para o local onde estavam a irmã e a sobrinha. Graças a essa atitude, o Esquadrão Pelicano, tradicional braço da Força Aérea para missões de busca e salvamento, conseguiu chegar mais rapidamente à clareira, ainda naquela noite.

Os militares, na sua maioria muito jovens, emocionaram-se ao ver tantos sobreviventes de um acidente aéreo daquela magnitude. Anotavam os nomes de todos, ofereciam a própria água e suprimentos aos feridos. Com o auxílio da motosserra, a equipe começou a abrir um descampado onde os helicópteros pudessem pousar. Passaram as horas seguintes na tarefa de derrubar árvores imensas na escuridão, em um trabalho bastante complexo.

Não houve mais nenhum momento de silêncio naquele pedaço de selva. De um lado, o ruído estridente das máquinas e o som cortante dos facões; de outro, diversas vozes clamando pela ajuda dos socorristas. O sargento Paulo Cruz varou a madrugada cuidando do garimpeiro Manoel Alencar, ocupando-se em virar o rosto do sobrevivente de um lado para o outro para evitar que ele se asfixiasse com o sangue que escorria da mandíbula fraturada.

Enquanto isso, Marinêz estava inconformada com a ideia de que a filha passasse mais uma noite na floresta. Com a perna escurecida e inchada, Bruna corria sério risco de perder o membro.

— Minha filha vai morrer! Pelo amor de Deus, vamos ao hospital!

A mãe implorava a todos os socorristas para que levassem logo a criança. Comovida com a cena, parte da equipe se mobilizou para carregar Bruna até a fazenda, em uma longa caminhada noturna com duração de 4 horas.

Por volta das 7 da manhã do dia seguinte, o heliporto de emergência ficou pronto para iniciarem a remoção de vítimas vivas e cadáveres. O sargento Paulo Henrique Cruz testemunhava a solidariedade e forte união entre os sobreviventes, que escolheram permanecer na clareira até o final do resgate, contribuindo nos esforços. Garcez foi o último a deixar o local, como manda a regra do capitão em um navio naufragado. Em seguida, foram colocados em sacos plásticos e trasladados os mortos, entre eles o corpo do médico Serrano Brasil, sinistramente retirado no terceiro dia do fatídico acidente, conforme a suposta profecia.

## CAPÍTULO 23

# DEIXANDO A AMAZÔNIA

Era uma quarta-feira, 6 de setembro, e Carlos de Aquino finalmente deixava a selva, transportado de helicóptero do local da queda até a fazenda Crumaré. Em seu sobrevoo sobre a copa das árvores, teve uma ideia da devastação e do lugar em que estava. A região onde a aeronave caíra, na noite de domingo, era um oásis de mata nativa cercado de pastagens. Se a pane seca houvesse ocorrido durante a luz do dia, os pilotos provavelmente teriam avistado algum descampado para realizar a aterrissagem de emergência. Isso não significava garantia de uma melhor sorte no pouso, mas pelo menos seriam logo encontrados. Ali, entranhados na selva, não teriam a menor chance de serem vistos, se não fosse a expedição promovida pelos quatro sobreviventes.

A fazenda Crumaré se tornou o centro de apoio às operações de resgate. Escorado no guarda-corpo da varanda da casa-grande, Carlos de Aquino observava toda a movimentação, enquanto aguardava o transporte para o hospital. Bruno e Régis estavam deitados e despidos, por inexistir roupa que lhes servisse. Rita fumava em um canto, conversando com Solange. Sentado em uma cadeira de balanço, com a perna enfaixada, Zille permanecia calado, contemplativo. Os empregados da fazenda, sempre muito atenciosos, passavam de um lado para o outro, oferecendo café e biscoitos. Naquele dia, havia mais um motivo para comemorar. Seu Wilson completava 68 anos e Siqueira registrava com sua câmera aquele momento histórico, que marcava também o aniversário da nova vida de todos ali.

De onde estava, Aquino também podia ver todo o esforço realizado para receber os aviões da FAB. Houve uma verdadeira força-tarefa dos funcionários da Crumaré na noite anterior, para que a pequena pista de pouso da fazenda fosse localizada. Eles posicionaram um caminhão com os faróis acesos no descampado da fazenda e fizeram fogueiras com sacos de estopa, colocados dentro de tambores, para iluminar a pista. Ao longo do dia, pousaram no descampado diversos helicópteros, dois aviões Hércules, dois Buffalos e outras aeronaves menores, trazendo uma centena de militares.

Graças a essa estrutura, foi possível o pouso do Bandeirante, que transportou Aquino da fazenda até a base aérea de Serra do Cachimbo, na fronteira do Pará com Mato Grosso. Enquanto os casos mais graves foram levados diretamente para Brasília ou São Paulo, o economista não entendia por que ele e outros sobreviventes precisavam fazer aquela escala em uma base no meio do nada. Somente algum tempo depois, ele saberia que o fato tinha razões políticas. À época, havia grande discussão sobre a necessidade de se manter aquela estrutura militar encravada na selva. Ao transportar os sobreviventes de um acidente midiático para Serra do Cachimbo, os militares queriam demonstrar a importância estratégica da área.

Carlos de Aquino passou poucas horas na base militar. Parou lá basicamente para fazer um lanche. Já havia recebido injeção antitetânica e analgésicos na fazenda, mas nada parecia surtir efeito. Superado o estado de alerta na luta pela sobrevivência, ele começava a sofrer com dores mais intensas. Escapara das larvas de moscas, mas não dos carrapatos, que infestavam as costas e a cabeça. Felizmente, não precisou raspar os cabelos. Ouvia só o protesto de algumas mulheres em outro canto da enfermaria, reagindo a essa ameaça de amputação capilar.

Já se preparando para ser levado a Brasília, Aquino teve a opção de viajar em um Buffalo ou no avião presidencial, que era um Boeing similar ao modelo envolvido no acidente. Sem pestanejar, pela maior sensação de segurança, escolheu a aeronave militar — conhecida por pousar em qualquer lugar, mesmo em pistas curtas. Aqueles que estavam em macas também seguiram no avião das Forças Armadas.

No caminho para a aeronave, um grupo de fotógrafos e repórteres aguardava para colher registros dos sobreviventes e pegar uma carona no transporte militar. Carlos de Aquino não escapou do assédio da imprensa, sendo interpelado pelo jovem jornalista Heraldo Pereira, que fez perguntas sobre o acidente e como ele se sentia. O economista se expressou de forma tranquila, agradeceu a Deus por estar vivo e pediu para passar uma mensagem à família. Queria mostrar que estava bem e inteiro. O repórter não se conformou com a resposta:

— Mesmo depois desse acidente, você ainda mostra essa tranquilidade toda?

— É. Eu estou aqui, estou vivo. Só o que quero é isso mesmo, agradecer.

A entrevista nunca foi ao ar. Em meio a outros depoimentos comovidos e desesperados, talvez a declaração de Aquino não fosse suficientemente dramática para a composição da reportagem.

CAPÍTULO 24

# NO PLANALTO CENTRAL, UM OUTRO TIPO DE SELVA

O médico Sebastião de Aquino havia largado o posto de saúde em Taboão da Serra, no estado de São Paulo, e estava há praticamente 2 dias acampado no aeroporto de Belém, em busca de informações sobre o irmão. Ao doutor Sebastião, o mais velho dos filhos, a família encarregara a missão de localizar Carlos de Aquino. Centrado e realista, o médico pediatra sabia que as chances de escapar de um acidente aéreo seguido de dias perdido na selva eram mínimas. Quando recebeu a notícia oficial de que Carlinhos estava vivo, sua primeira reação foi perguntar: "em que condições?". O alívio veio com a informação de que o estado do irmão era considerado bom e que ele seria um dos últimos a serem removidos da selva. Na manhã de quarta-feira, Sebastião embarcou em outro voo do norte do país até a Capital Federal.

Em Brasília, oito ambulâncias, quatro UTIs móveis e dois veículos de bombeiros, mobilizados para receber as vítimas, encostaram no avião da FAB. Parentes dos passageiros, vindos de norte a sul do Brasil, amontoavam-se nervosos no saguão do aeroporto. Carentes de informações, investiam nos jornalistas que viajaram no mesmo voo dos sobreviventes.

— Jura? — Marília, mulher de Paulo Altieri, exclamou incrédula ao ouvir a repórter citar o nome do marido. Depois da confirmação, deu um pulo de alegria e correu com o irmão até o Hospital de Base, para onde os sobreviventes estavam sendo levados.

Tal como Serra do Cachimbo, o Hospital de Base do Distrito Federal precisava de um palanque para elevar a imagem. Poucos anos antes, Tancredo Neves, o primeiro presidente civil eleito após 21 anos de governos militares, fora internado ali. Depois de complicações cirúrgicas, o estado de saúde do político se agravou e ele precisou ser transferido para São Paulo, onde definhou logo depois. A morte de Tancredo gerou comoção nacional e as causas suscitaram muitas especulações e teorias da conspiração, com a mídia tecendo fortes críticas à estrutura precária do hospital, que carecia de materiais e de profissionais.

Nem houve tempo para Carlos de Aquino fazer algum juízo de valor sobre as instalações do Hospital de Base, pois passou poucas horas ali. Depois de ter os farrapos de blusa arrancados e o braço enfaixado, foi submetido a exames de raios X e viu na imagem os ossos do braço esquerdo estilhaçados como vidro. O tratamento seria longo e sem garantia de recuperação total. Na enfermaria, ele ouviu uma voz familiar providenciando sua transferência para uma clínica particular, naquele mesmo dia. A voz era de Sebastião. O reencontro com o irmão iluminou o espírito de Carlos de Aquino. Era o primeiro rosto conhecido que via em dias.

— Eu sabia que a primeira pessoa que eu veria seria você — disse Carlos de Aquino, após um longo abraço.

Ao mudar Carlos para um quarto particular, o doutor Sebastião acreditava garantir mais privacidade. Qual foi a surpresa do médico quando, retornando do lanche, deparou-se com um batalhão de jornalistas no quarto do irmão. Desconhecendo as condições de uma selva, em nada parecidas com as temperaturas abaixo de zero da cordilheira dos Andes, uma repórter perguntou a Carlos de Aquino se os sobreviventes haviam cogitado comer os corpos. A ideia de transformar o acidente com o voo da Varig em uma versão brasileira da tragédia que abateu o time de rúgbi uruguaio em 1972, e que foi adaptada em filme, não deu certo.

Enquanto Aquino podia contar com a empresa em que trabalhava para custear sua internação em uma clínica particular, alguns sobreviventes com graves traumatismos foram encaminhados ao hospital Sarah Kubitschek. A tripulação foi levada para o Rio de Janeiro, ao passo que as demais pessoas permaneceram no Hospital de Base. Entre elas, Enilde Melo, que ainda não sabia da morte da irmã, e o menino Bruno Melazo, em coma. Com hemorragia craniana, a criança não apresentava ferimentos externos, por isso ninguém na selva entendia o porquê de ser tão quieto. Dado seu estado crítico, a família providenciou um jato fretado para transportá-lo ao hospital Albert Einstein, em São Paulo. Mas já era tarde.

Bruno se tornou a décima segunda e última vítima fatal do acidente. Foi enterrado em Belém, ao lado da mãe e do irmão mais velho. Em um gesto de altruísmo no momento de dor, o pai autorizou a doação do fígado. Por coincidência, a criança que recebeu o órgão tinha o mesmo nome da prima de Bruno, Débora. A menina, que havia sido o motivo da viagem da família e que completou 1 ano de vida nos destroços do avião, longe da mãe, sobreviveu ao desastre com um corte na cabeça e uma fratura no braço.

Em meio à tragédia de mais uma vida perdida, houve também boas notícias. Bruna, filha de Marinêz, já não corria risco de amputar a perna. No quarto do hospital, brincava e conversava com a mãe, que recebeu alta logo no primeiro dia, mas permaneceu junto da filha, por quem tanto lutou para preservar a saúde.

Após 2 dias de internação, uma dezena de sobreviventes, incluindo Marcionílio, Antônio Farias e Afonso, também receberam liberação para voltar para casa, embora sob queixas de que a saída era precoce. De fato, a maioria precisou retornar a hospitais tempos depois por ainda não estar curada das infecções.

Era um seco e escaldante 7 de setembro, Dia da Independência do Brasil. Em Brasília, uma névoa seca tocava os campos amarelados durante os desfiles cívico-militares, e nos ipês despontavam as primeiras flores, como prelúdio da primavera. Na cidade de Marabá, não houve a festa cívica, em sinal de luto aos mortos, entre os quais o jovem Marcus Mutran, irmão do prefeito. Assistindo ao noticiário na televisão, Carlos de Aquino soube que um último sobrevivente do voo da Varig havia sido resgatado. No compartimento de cargas, as equipes de salvamento encontraram Leti, a cadelinha de Ariadne, supreendentemente viva e intacta dentro de sua caixa.

CAPÍTULO 25

# DE VOLTA AO LAR: A EMOÇÃO DO REENCONTRO

De olhos vidrados no céu, Dolores aguardava o marido no aeroporto de São Luís. Passados 7 dias do acidente, Carlos de Aquino finalmente retornava ao estado natal para reencontrar a família. Apavorada com viagens de avião, Dolores se viu sem condições de ir a Brasília para acompanhar a recuperação do companheiro. Em vez disso, preferiu largar-se de Imperatriz até a capital do Maranhão, de carro. O turbilhão de emoções e o sofrimento eram muito recentes. Dias atrás, fora viúva por 48 horas até descobrir, pelo noticiário, que Aquino sobrevivera.

Ainda estava bem viva na memória a imagem da família e dos amigos rezando na sala de casa e dando as mãos, enquanto ouviam a voz dramática de Cid Moreira recitando, em ordem alfabética, a lista de nomes dos sobreviventes. Apenas Dona Elenir não participou da roda, preferindo manter seu ritual de rezar o terço no quarto, os joelhos já em carne viva. Em sua fé inabalável, nunca deixou de acreditar que o filho estivesse vivo. Em um canto da sala, as crianças acompanhavam tudo sem nada entender, mas sentiam a angústia e o desespero, que duraram até a letra "c", quando o nome de Carlos de Aquino foi pronunciado. Depois disso, Dolores só se lembrava da explosão de abraços, do alívio no peito e da sensação de que já havia chorado tudo o que deveria na vida.

Enganara-se, porém, ao achar que a cota de emoções intensas havia acabado. Ao avistar a figura familiar que vinha da pista de pouso, a pequena Juliana correu para agarrar a perna do pai, entendendo, à sua maneira, que ele quase lhe escapara, mas que ela não deixaria mais isso acontecer. Dona Elenir, sempre uma fortaleza indestrutível, deu um forte abraço no filho e o examinou de cima a baixo para se certificar de que estava inteiro. Sobreviver a um acidente aéreo com apenas um braço quebrado, só mesmo por um milagre. Agradeceu a Nossa Senhora e a todos os santos por terem devolvido seu menino.

Um pouco mais atrás, ao lado de Adriana, que dormia serenamente no colo da babá, Seu Tomaz de Aquino chorava copiosamente e soluçava feito criança. Encontrar o pai, que até então ele nunca havia visto chorar, abalado daquela forma, desmontou qualquer resistência emocional. Naquele instante, o sobrevivente Carlos de Aquino, que permanecera equilibrado e tranquilo desde o resgate, também se entregou às lágrimas.

Na sala de desembarque, mais familiares e amigos aguardavam ansiosos. Foi emocionante presenciar tantos entes queridos vibrando com sua chegada. Equipes da imprensa registravam o momento. Do aeroporto, a comitiva seguiu para a igreja de Nossa Senhora do Carmo. Ali, celebraram missa em ação de graças pelo milagre do retorno ao lar. Em seguida, houve uma festa na casa da irmã, onde cabiam toda a família e todos os afetos, em uma alegria que nem as dores no corpo conseguiram atrapalhar.

Reencontro de Carlos de Aquino com as filhas.
(Acervo pessoal)

# PARTE III

**CAPÍTULO 26**

# PANE HUMANA

"Aviões não caem, são derrubados" — Carlos de Aquino já ouvira esse ditado. Na aviação, existe ainda a premissa de que um acidente aéreo nunca ocorre por um único motivo. Seguindo esse raciocínio, especialistas e técnicos evitam atribuir a causa a um culpado, preferindo focar a busca por respostas como forma de aprendizado. No Brasil, todo o esforço de investigação é conduzido pelo Centro Nacional de Investigação e Prevenção de Acidentes Aeronáuticos (Cenipa), que produz um relatório oficial sobre o ocorrido. Esse documento não deve ser utilizado como peça em processo criminal, pois teoricamente não tem o objetivo de fazer qualquer prejulgamento, mas tão somente apresentar fatos que contribuam para solucionar e evitar desastres.

No caso do voo 254 da Varig, a principal pergunta dos investigadores era como um Boeing conseguira a proeza de se perder em um trecho tão curto e a despeito de os pilotos estarem constantemente em contato com o controle de tráfego e com outras aeronaves.

O ponto de partida foi a leitura das duas caixas-pretas do avião, enviadas para análise nos Estados Unidos. Uma delas, a *voice recorder*, era uma fita que continha espaço para gravar apenas os 30 minutos finais de conversa na cabine. A outra, denominada *flight recorder*, registrava todas as informações técnicas das últimas 22 horas de voo. A escolha dos Estados Unidos como local de análise foi motivo de críticas do Sindicato dos Aeronautas, que representava os interesses de pilotos. O Sindicato pressionava para que a leitura das caixas-pretas ocorresse em território neutro, a fim de evitar influência da Boeing (uma companhia norte-americana) ou de outra parte diretamente interessada no caso, especialmente se fosse confirmada a hipótese de falha nos instrumentos.

Ao término das investigações, o relatório do Cenipa, baseado também nos registros das caixas-pretas, identificou dezesseis fatores que contribuíram para o acidente — nenhum deles ligado a qualquer defeito de equipamentos do avião. Dois problemas foram atribuídos a falhas da Varig e catorze a questões psicológicas e à forma de agir dos pilotos. O documento pouco tratou do papel dos órgãos de controle de voo e da Aeronáutica na questão.

No entanto, se Carlos de Aquino pudesse resumir o enredo, ele contaria a história de como um detalhe fez tanta diferença e desencadeou uma série de atitudes desastradas, que mudaram a vida de dezenas de pessoas. Esse acidente aéreo se tornou emblemático não apenas pela sucessão de erros, mas pela insistência neles, e sua associação a outros elementos completamente inusitados.

A primeira falha, e a mais crucial, ocorreu no preenchimento dos aparelhos de navegação, que deveriam ter sido ajustados para a rota 027 graus, ao nordeste, mas foram regulados para 270 graus, levando a aeronave para o oeste. Isso resultou em um voo de mais de 3 horas que, sem combustível, obrigou ao pouso forçado na selva, em São José do Xingu, no estado de Mato Grosso, a mais de 1,6 mil quilômetros do destino original.

O erro de rota parece algo impensável nos dias atuais, com a existência de equipamentos como GPS e a localização precisa via satélite. Na década de 1980, porém, algumas áreas do país sequer eram cobertas pelos radares do Centro Integrado de Defesa Aérea e Controle de Tráfego Aéreo (Cindacta) — responsável pelo monitoramento de aeronaves no território brasileiro. O espaço aéreo nacional era repleto de pontos cegos, sendo a região amazônica, onde estava o aeroporto de Belém, a mais desassistida.

A navegação dependia dos sinais de radiofarol provenientes de antenas em estações terrestres. Para não se perderem no mapa, os pilotos precisavam traçar rotas que sobrevoassem essas estações. Assim, em vez de voar em linha reta, percorriam por vezes tortuosas "estradas no céu", o que tornava as viagens mais demoradas e caras, devido ao elevado consumo de combustível. Ainda hoje essas "aerovias" existem e são utilizadas para ordenar o tráfego aéreo, quando necessário.

Fundamentais para a pilotagem, as rádios especializadas não transmitiam música, apenas sinais telegráficos para orientar os aviões. Essas estações de radiofarol, fixas no solo, eram chamadas de NDB e VOR e tinham alcance aproximado de 200 a 300 quilômetros, dependendo da altitude do avião. Quanto mais alto, melhor a captação. Em voos muito baixos, a curvatura da Terra poderia impedir que o sinal chegasse até a aeronave.

O VOR era uma versão mais moderna do velho e ruidoso NDB criado na década de 1920. Trazia como grande vantagem a possibilidade de fornecer aos pilotos informações mais precisas sobre localização, pois emitia sinais em várias direções, criando 360 caminhos, chamados radiais. Se na estação NDB o avião não conseguia saber exatamente em que ponto estava dentro do raio de alcance, no VOR bastava identificar a radial para obter a posição correta da aeronave.

Além da sopa de letrinhas VOR e NDB, os pilotos poderiam orientar-se por sinais emitidos pelas estações de rádio comerciais. Contando com todos esses recursos, o comandante Garcez sintonizou primeiro a estação NDB de Marabá (o local de partida), como orientavam as normas de pilotagem. Pelo meio do caminho, deveria deixar as informações de cauda da frequência de Marabá e passar a se orientar pela proa por meio da estação VOR de Belém (ponto de chegada). Bastaria isso. Se quisesse, poderia lançar mão de outras frequências de rádio, apenas para se certificar do rumo.

Havia, por exemplo, a possibilidade de verificar o sinal do VOR de Tucuruí, que normalmente estaria à esquerda da rota. Na primeira hora do percurso, quando os pilotos ainda tentavam contato com Belém, a simples verificação do VOR de Tucuruí faria o ponteiro do mostrador apontar para um rumo estranho, despertando o alerta de que o avião não se encontrava na posição correta.

Esse procedimento opcional, entretanto, sequer foi lembrado, pois tratava-se de um voo "água com açúcar", que não exigia grandes preocupações. Para completar, pilotos em geral tinham o mau hábito de utilizar como equipamento de navegação o PMS, sigla em inglês para Sistema de Gerenciador de Desempenho, criado com a finalidade de medir o consumo de combustível por distância percorrida. Embora fosse útil como referência de tempo e distância, não oferecia qualquer indicação sobre rumo. Assim, o Boeing continuava a se distanciar da rota sem que a tripulação, "guiada" pelo PMS, se desse conta.

Se o erro de interpretação de rumo teve como causa originária um sistema de navegação complexo, talvez a observação de um detalhe no céu pudesse ter quebrado a cadeia de acontecimentos: a posição do sol. Algo que Epaminondas, um passageiro comum, logo percebeu. Desde a decolagem vespertina em Marabá, o sol podia ser visto à frente do campo de visão dos pilotos, indicando que estavam seguindo para o oeste, enquanto Belém ficava ao norte. No entanto, a extrema dependência de instrumentos, de automatismos e de números fez com que os pilotos se tornassem uma extensão da máquina e cegassem para a referência brilhante bem diante de seus olhos. A falta de percepção geográfica seria, então, seguida por outra sequência de atitudes atrapalhadas, tão rudimentares quanto os aparelhos da época.

## CAPÍTULO 27

# VERDADES REVELADAS

O relatório oficial sobre as causas do acidente trouxe à tona testes psicológicos feitos com a tripulação após o acidente. Analisar o fator humano era uma forma de compreender por que motivo uma aeronave em perfeitas condições não conseguiu corrigir o curso, caindo por pane seca, embora houvesse tempo suficiente para perceber o problema e tomar decisões sensatas.

Uma das explicações apontadas seria a dificuldade do comandante em admitir erros. A mudança de rota que se desenhou no céu aconteceu apenas no mundo exterior, mas não no interior da cabeça de Garcez. O excesso de confiança criou uma realidade paralela, uma ilusão de normalidade que impediu enxergar o óbvio. A teimosia em acreditar seguir o rumo certo, apesar das evidências contrárias, levou a atitudes fora do protocolo, contribuindo para o desenrolar dos acontecimentos.

Conforme se tornava cada vez mais insustentável manter aquele mundo paralelo, a negação deu lugar ao desencantamento e a sentimentos de desilusão e apatia. O controle da situação foi perdido, subjugado pela mentalidade de que nada mais adiantaria ou importava. Mesmo consciente dos fatos, o comandante pareceu cair em uma espécie de fascínio, como se observasse os acontecimentos de fora, sem fazer parte deles.

O piloto que temia o fim da carreira mais do que o fim da própria vida viu-se envolto em uma armadilha. A resistência em admitir para si mesmo e para os outros que havia algo errado atrasou os esforços de mobilização em uma já lenta noite de domingo, quando grande parte da população dividia as atenções com uma partida de futebol. O enorme medo de errar foi justamente o que desencadeou o pior dos erros, transformando um voo com duração de 50 minutos em 3 horas e 15 minutos de uma tortura angustiante, que ceifou a vida de 12 passageiros.

Nos primeiros dias após o resgate, Garcez chegou a ser elogiado pela ajuda oferecida aos sobreviventes e pela presumida habilidade de aterrissar o Boeing na escuridão da selva. Porém, ao passo que as investigações avançavam, teve a imagem de herói de um pouso impossível desconstruída perante a opinião pública. No folclore popular, ficou lembrado como o piloto que se distraiu ouvindo o jogo do Brasil, apesar de não existir qualquer evidência de que isso ocorreu. Para Carlos de Aquino, restou a lembrança de um comandante arrogante, que não teve a humildade de ouvir opiniões e reconhecer falhas.

Entre os sobreviventes, alguns ainda o consideram herói de uma tragédia que o transformou em salvador e algoz dele próprio e dos demais ocupantes do voo. Parte das pessoas a bordo perderam a vida e deixaram famílias em desalento. Outras permaneceram hospitalizadas por meses e carregaram sequelas para sempre. Mesmo quem escapou da morte aparentemente ileso precisou cicatrizar traumas e chorar dores invisíveis.

Em 1997, Zille e Garcez foram condenados a 4 anos de prisão por homicídio culposo. A sentença de prisão a pilotos envolvidos em um acidente foi inédita na história da aviação civil brasileira. Ambos recorreram e conseguiram converter a pena em multa e prestação de serviços comunitários. O copiloto nunca se conformou com a sentença de culpa compartilhada, uma vez que desempenhava funções e responsabilidades diferentes. Mas o fatídico destino dos dois aviadores já estava entrelaçado. Zille, assim como Garcez, não conseguiria mais emprego na área de atuação. Desligado da Varig, o copiloto enviou currículos para diversas companhias, porém, quando descobriam a ligação dele com o voo 254, "as portas se fechavam", conforme relatou. O sonho de menino havia acabado.

Em entrevistas à imprensa, Zille admitiu que ficou paralisado pelo medo. O histórico de intimidações e assédios por parte do comandante, somado às barreiras hierárquicas da época, explicaria sua posição de mero espectador, que pouco teria contribuído para evitar o desenrolar dos fatos. Somente nos momentos finais, quando viu sua vida por um fio, superou o medo de enfrentar Garcez.

Mesmo assim, ainda em posição de submissão, Zille inicialmente tentou defender o comandante durante a fase de investigações, declarando em reportagem especial do *Jornal do Brasil* que Garcez de tudo fizera para evitar o acidente. Essa edição do periódico trazia também uma matéria com depoimento e foto de Carlos de Aquino com o braço engessado, que ele guardou de recordação junto com outros recortes da época, para acompanhar os desdobramentos do caso.

Após ser demitido da Varig, segundo a companhia, "pela conduta passiva" no incidente, o copiloto se viu desamparado. Ele também havia sido punido com a cassação da habilitação para pilotar, antes mesmo da conclusão das investigações. Sentindo-se injustiçado e manipulado pela Varig, que parecia tentar atribuir toda a culpa aos pilotos, Zille mudou seu discurso. Não queria entrar para a história como um passageiro de luxo, que falhou em sua missão de proteger as pessoas e evitar a catástrofe.

O copiloto então passou a criticar e denunciar condutas da empresa, como a pressão para cumprir os horários de voo a qualquer custo e a cultura baseada em uma hierarquia quase militar, que não permitia a um subordinado questionar seu superior. No programa *Fantástico*, em 1997, ele "abriu a caixa-preta" dos acontecimentos na cabine. Escreveu um livro e começou a ministrar palestras sobre sua trajetória de vida e aprendizados, dedicando-se a construir uma imagem positiva de si mesmo, argumentando que fez tudo o que podia.

Já o comandante concedeu raras entrevistas, sendo a última delas a icônica reportagem do *Fantástico*. Ao jornalista Roberto Cabrini, afirmou que era o responsável pelo voo, mas que não se sentia culpado pelo acidente. O verdadeiro problema residiria no novo plano de voo implantado pela Varig e no arcaico sistema de controle aéreo brasileiro. Garcez sumiu dos holofotes e se mudou para os Estados Unidos. Perdeu a licença de piloto, mas conseguiu recuperá-la depois de uma batalha judicial. Porém, nunca mais voltaria à aviação comercial.

Enquanto isso, as investigações sobre outro incidente — ocorrido durante o jogo entre Brasil e Chile — revelavam mais uma grande farsa. Durante a partida, o goleiro chileno Roberto Rojas aproveitou a queda de um sinalizador, lançado na pequena área pela torcedora Rosenery Mello, para simular um ferimento. O objetivo era desclassificar o Brasil da competição e levar o Chile ao Mundial. No dia seguinte, fotos publicadas nos jornais mostravam que o rojão vindo da arquibancada sequer havia tocado o jogador. Como punição pela trapaça, Rojas foi banido do futebol e o Chile ficou de fora de competições por 10 anos. Enquanto as manchetes dos jornais se dividiam entre a classificação do Brasil para a Copa e os desdobramentos da queda do Boeing, Rosenery tornou-se uma celebridade instantânea, estampando capa de revista masculina, com o título de "a fogueteira do Maracanã".

CAPÍTULO 28

# MUDANÇAS MUNDIAIS APÓS A TRAGÉDIA

O acidente com o Varig 254 teve um impacto avassalador e levou a aprendizados e alterações significativas na aviação mundial. Essas mudanças abrangeram desde melhorias na infraestrutura do espaço aéreo, com a implantação de radares, até a forma de fixar as poltronas no piso da aeronave. Os assentos ficaram mais resistentes e passaram a suportar uma desaceleração até três vezes maior sem se desprender. Além disso, houve ampliação das normas de prevenção de acidentes, novas regras de controle aéreo e revisão da cultura organizacional das companhias aéreas.

Uma das principais transformações organizacionais ocorreu nos protocolos de treinamento, conhecidos como Crew Resource Management (CRM), que promoveram o desenvolvimento de técnicas mais modernas voltadas para a segurança de voo. O CRM é um conjunto de procedimentos pensados para minimizar riscos associados ao erro humano, com base em décadas de estudos de acidentes. Um exemplo emblemático de falha humana com consequências catastróficas foi o desastre de Tenerife, ocorrido no ano de 1977, em uma pequena ilha espanhola situada no oceano Atlântico.

Considerado o maior acidente aéreo de todos os tempos, o caso envolveu o choque entre dois dos maiores aviões do mundo, na pista do aeroporto Los Rodeos, provocando a morte de 583 pessoas. Um denso nevoeiro impediu que o comandante holandês do voo da KLM avistasse o Boeing 747 norte-americano da PanAm, que cruzava a pista no momento da decolagem. Os pilotos da KLM ainda tentaram desviar, levantando o nariz do Jumbo em um voo rasante, mas não conseguiram evitar a colisão do trem de pouso e das turbinas com o teto da outra aeronave, causando um incêndio que demoraria horas para ser controlado. A bola de fogo envolveu as aeronaves, plenamente abastecidas.

Diversos fatores, como condições climáticas, interferências de rádio e até ameaças terroristas, que causaram o remanejamento das aeronaves, contribuíram para a tragédia de Tenerife. Porém, falhas humanas agravadas por problemas de comunicação entre os pilotos e entre o controle de tráfego, bem como a preocupação do comandante em não atrasar o voo, tornaram-se decisivas para o trágico desfecho.

Dois anos após esse emblemático acidente, o protocolo CRM foi estendido a todos os profissionais de empresas aéreas, desde a alta gestão até o menor nível hierárquico, tornando-se um exercício internacionalmente obrigatório. Para prevenir acidentes, o CRM incluía não apenas a avaliação do conhecimento técnico e a melhoria do desempenho da tripulação, mas a otimização de todos os recursos, entre equipamentos, procedimentos e pessoas. Dessa forma, tanto quanto saber pilotar um avião, importavam as habilidades cognitivas e interpessoais, abrangendo conceitos de liderança, comunicação e tomada de decisão.

À semelhança do que ocorreu com o acidente do voo da Varig, o desastre de Tenerife também foi marcado pela falta de entendimento entre os pilotos. Ao iniciar a decolagem, o comandante holandês Jacob van Zanten fora alertado pelo copiloto de que ainda não haviam recebido autorização para decolar. Van Zanten era uma celebridade na empresa, tendo até estrelado uma campanha publicitária que exaltava a pontualidade da companhia aérea. Contudo, a vasta experiência do comandante não o impediu de cometer a grave falha de ignorar a advertência dada pelo subordinado.

Parecia que a aviação ainda não havia aprendido com seus erros. Anos depois de Tenerife, nas rodas de conversas informais das empresas, o CRM era zombeteiramente chamado de "Comandante Resolve e Manda". A piada interna entre tripulações indicava que certos aspectos do treinamento não eram levados tão a sério. Alguns conceitos equivocados, como a infalibilidade do comandante e o excesso de confiança nos sistemas automatizados, ainda estavam profundamente enraizados na cultura organizacional.

Após o acidente com o voo da Varig em 1989, os conceitos norteadores da aviação civil foram novamente revistos. A filosofia de hierarquia militar que influenciava o treinamento da tripulação deu lugar à responsabilidade compartilhada. Outrora visto como subalterno, sequer sentindo-se à vontade para expressar opiniões, o copiloto ganhou o direito de ser ouvido e acatado, sobretudo em assuntos relacionados à segurança e ao esclarecimento de dúvidas sobre procedimentos.

A desconstrução do preceito de *power distance* incluiu não apenas eliminar distâncias de poder entre a tripulação, mas entre qualquer um a bordo da aeronave. Pilotos e comissários passaram a ser instruídos a não ignorar informações dos passageiros e a levar em consideração seus conhecimentos.

Epaminondas, um passageiro frequente, conhecia bem a região que sobrevoava e tentou alertar os pilotos desde o início, mas foi barrado diversas vezes pelas comissárias. A confiança cega da tripulação nas próprias habilidades não permitia ajuda nem interferências externas. Talvez até fosse considerado afrontoso deixar um comandante ser advertido por um simples passageiro, alguém que não era considerado um especialista.

Na selva, porém, distante da civilização e das facilidades promovidas pela tecnologia, de pouco valiam conhecimentos acadêmicos ou técnicos, bens materiais, sobrenome ou autoridade. Ali, as necessidades mais básicas afloravam, e os desejos restringiam-se ao essencial: comer, beber água e buscar proteção.

As soluções também eram simples, embora difíceis de aplicar para quem morava na cidade. A sobrevivência dependia da habilidade de observar e entender a natureza, uma capacidade que foi esquecida pela vida em sociedade. Despojados de vaidades e de tudo que é considerado artificial, os passageiros do voo 254 reaprenderam que o ser humano é parte da natureza e insignificante na vastidão da selva.

Enquanto o comandante tornou-se apenas mais um entre os sobreviventes, o verdadeiro herói emergiu na figura de uma das pessoas mais humildes presentes no avião: Afonso, rapaz de 19 anos, agrimensor que partia do Maranhão rumo ao extremo norte do Amapá em busca de novas oportunidades no garimpo. Sem os conhecimentos daquele mateiro, baseados na observação da natureza e do mundo real, provavelmente mais almas teriam se unido eternamente à floresta. Sem necessitar de computadores de bordo, Afonso orientou-se somente pela vegetação e pelos sons do canto dos pássaros. Pela vivência na selva, descobriu uma trilha rústica que possibilitou achar água e o caminho para o resgate.

Assim como acontece em algumas situações da vida, a solução é simples e pode estar bem à frente, mas, por algum motivo, não é possível enxergá-la. Essa foi outra lição que Carlos de Aquino aprendeu com Afonso. Quando se está sem rumo, às vezes é preciso se distanciar, subir na copa de uma árvore para ver a situação de outro ângulo. Algo que o comandante poderia ter feito se recorresse ao procedimento intuitivo de, literalmente, elevar a aeronave para ver mais longe. Porém, a obstinação e o foco em encontrar Belém o impediram de subir e tentar enxergar outros elementos em volta, que o ajudariam a se situar.

Afastando-se dos acontecimentos na cabine do avião, Carlos de Aquino também pôde perceber outros fatores que contribuíram para o quebra-cabeças do acidente. Como resultado dos aprendizados, os órgãos reguladores da aviação passaram a exigir treinamentos específicos de sobrevivência na selva para as tripulações, além de ampliar o kit de medicamentos disponível nas aeronaves comerciais de todos os portes. Caso esses materiais existissem no Boeing 737 da Varig, poderiam ter amenizado bastante o sofrimento dos feridos.

Na equipe de comissários, passou a ser obrigatório escalar ao menos dois membros com mais de um ano de experiência, em voos que cruzassem regiões inóspitas. Os protocolos de controle de tráfego aéreo também foram submetidos a aperfeiçoamentos, e o acidente com o Boeing da Varig virou estudo de caso nas escolas de formação de controladores de voo.

A infraestrutura de aviação na região amazônica era arcaica em comparação com outras partes do país. A falta de cobertura por radar deixava os aviões sem supervisão contínua do controle de tráfego, sujeitos a "buracos negros" de localização. Os controladores dependiam exclusivamente das informações de posição fornecidas pelos pilotos. Apesar dessas limitações, as viagens na Amazônia prosseguiam com relativa normalidade, até acontecer o desastre com o Boeing da Varig.

A repercussão mundial do acidente de grandes proporções envolvendo uma aeronave comercial trouxe à tona a necessidade de mudanças significativas no monitoramento de tráfego. Como primeira providência, o sistema de vigilância do espaço aéreo brasileiro foi reforçado com a instalação de radares nas áreas terminais de Belém e Manaus, abrangendo um raio de cobertura de 300 quilômetros.

Com os aviões monitorados em tempo real pela tela do radar, os centros de controle conseguiam fornecer instruções precisas para um voo muito mais seguro, transformando a maneira como o tráfego aéreo era gerenciado. O que antes só podiam deduzir, a partir das informações prestadas por pilotos, os controladores passaram a ver.

No entanto, essa evolução tinha um preço. Por se tratar de equipamentos extremamente caros, tanto na aquisição quanto na manutenção, apenas no início dos anos 2000, com a conclusão do projeto Sivam, foi possível completar a instalação de radares fixos e móveis para cobrir os demais pontos da região amazônica. Os instrumentos de navegação baseados nas estações de radioauxílio VOR e NDB foram substituídos pelo sistema Ômega, já utilizado em navios e aeronaves de longo curso. Esse sistema fornecia uma posição geográfica mais precisa, por meio de uma rede de estações espalhadas pelo mundo.

O Ômega foi o precursor do GPS, sistema de posicionamento via satélite, ainda mais confiável. Com isso, as agulhas de direção magnética deram lugar aos modernos painéis digitais, facilitando e integrando a leitura de diversos instrumentos, reduzindo significativamente o risco de falha humana na definição de rotas. Apesar desses avanços, o sistema aéreo brasileiro ainda apresentava vulnerabilidades, evidenciadas após outro acidente que chocaria o país: a colisão do voo da Gol com o jato Legacy, em 2006.

No desenrolar das investigações do voo 254 da Varig, sobrou até para o rádio *beacon*, que a muito custo os sobreviventes conseguiram ativar, mergulhando o aparelho na própria urina. Em decorrência do acidente, o Cenipa recomendou que as aeronaves com rotas sobre área continental fossem dotadas de rádios transmissores de emergência acionados automaticamente por desaceleração brusca, para não mais depender de equipamentos ligados por imersão em água. Quanto às rádios comerciais, que, envolvidas na transmissão do jogo da seleção brasileira, esqueceram de informar na sua programação a frequência e o nome da cidade, dados tão necessários aos desnorteados pilotos, restou o aprendizado de que cada função, por mais repetitiva ou insignificante que pareça, tem seu valor e sua importância.

O relatório de investigação do Cenipa constatou, ainda, a ausência das cartas de navegação de alta altitude para o trecho Marabá-Belém no interior da aeronave da Varig. Esse fato, porém, se tornou apenas um detalhe quase imperceptível, em meio a tantos outros. Assim como também passou quase despercebido o saque às bagagens dos passageiros do voo 254. A pasta cheia de dólares que acompanhava Shiko Fukuoka, um dos passageiros mortos no acidente, foi encontrada vazia durante as operações de resgate. Embora a mala de Carlos de Aquino estivesse intacta, outros sobreviventes reclamaram de pertences perdidos. Um inquérito foi aberto para investigar o sumiço de bens. Ao final, nada foi descoberto ou esclarecido.

E o que dizer sobre a peça mais importante dessa história, o plano de voo confuso que se tornou o estopim de tudo? No auge das apurações técnicas e das críticas midiáticas, uma das primeiras providências da Varig foi abandonar o novo padrão computadorizado de emissão de rotas e retornar ao plano de voo composto por apenas três dígitos para as aeronaves que não dispunham de campo para a inserção do quarto dígito. Contudo, a companhia deixou de explicar por que não forneceu treinamento adequado aos funcionários durante a implementação do novo sistema de casas decimais. Tentou atribuir culpa total à falha humana e ao erro de interpretação dos pilotos.

Paralelamente, uma investigação independente conduzida pelo Sindicato Nacional dos Aeronautas apurou que, antes do acidente com o voo 254, outros oito comandantes da Varig também se confundiram com o sistema de rota de quatro dígitos. Por um golpe de sorte, ou talvez por um lampejo de discernimento, o desfecho foi diferente e os pilotos conseguiram perceber e corrigir o problema antes que fosse tarde.

Meses depois do acidente, a Federação Internacional de Pilotos de Linhas Aéreas realizou um teste em Amsterdã, na Holanda, entregando a 22 comandantes de diversas companhias uma cópia do plano de voo de Garcez. Quinze deles cometeram o mesmo erro de interpretação da rota, o que, segundo os responsáveis pelo teste, demonstraria a gravidade e o impacto da mudança de sistema promovida pela Varig.

O experimento de Amsterdã, porém, baseou-se apenas em instrumentos e simuladores, sem a opção de olhar pela janela e ver o contexto em volta. Isso leva a uma outra camada crítica envolvendo rumo e orientação. Um piloto brasileiro poderia até desconhecer onde fica Marabá, mas deveria saber que Belém situa-se no litoral norte do país. Se o avião estava saindo do interior do continente para essa capital, o rumo oeste não fazia sentido. Algumas análises levantaram a hipótese de que os pilotos teriam sido traídos por uma armadilha: o percurso Imperatriz-Marabá, último trecho antes do acidente, ocorreu no sentido leste-oeste (270 graus). Eles estariam sugestionados por essa direção quando inseriram os dados da rota Marabá-Belém, após consultar o dúbio plano de voo. Aplicaram 270 novamente, em vez de 027, que seria o correto.

Outra falha capital atribuída à Varig, junto com o controverso plano de voo computadorizado, foi a aparente negligência do pessoal de apoio, conhecido como Coordenação, que tinha como função acompanhar a hora de pouso e decolagem das aeronaves da empresa. No dia do acidente, o Varig 254 ultrapassou o tempo estimado de voo, sem que a Coordenação efetuasse qualquer chamada para alertar ou auxiliar a tripulação. Os processos de trabalho como um todo estavam em xeque. Sob a justificativa de otimizar e reduzir custos, a empresa exercia forte pressão para impedir atrasos nos voos, além de imprimir sobrecarga de tarefas aos pilotos, que, devido à redução do número de despachantes, acabavam também exercendo tarefas de planejamento operacional, como monitoramento do reabastecimento, controle de passageiros e verificação do peso da carga.

Zille sentiu na pele essa pressão. Quando se apresentou pela primeira vez ao comandante Garcez para iniciar a escala de voos de Brasília até Belém, entregou a ele o fatídico plano de rota computadorizado, que um colega da sala de despacho havia pedido para levar ao avião. O copiloto fez tudo por cortesia, mas recebeu uma repreensão de Garcez, que disse não ser aquela a função de um piloto. Entregar a documentação ao comandante deveria ser o trabalho do despachante. Garcez estava correto, mas o episódio acabaria por se tornar mais um momento de intimidação a contribuir para o mau clima entre os dois pilotos.

Como decorrência do acidente do Varig 254, os órgãos internacionais de aviação exigiram mais rigor na postura de todas as companhias aéreas em relação a procedimentos de otimização do trabalho, divisão e organização das tarefas. Avaliaram também que o tempo de permanência das aeronaves no solo, entre um pouso e uma decolagem, precisaria ser ampliado em favor da segurança, sobretudo nas escalas muito curtas. Nenhum detalhe de segurança poderia ser deixado de lado em prol de um alegado corte de custos.

A ampliação dos protocolos de segurança, embora necessária, representou uma pressão adicional sobre a companhia, que já enfrentava dificuldades econômicas. Após longa agonia em batalhas judiciais, a falência da Varig foi decretada de vez em 2009. Outras companhias tradicionais, como Vasp e Transbrasil, também desapareceriam na mesma época. A abertura do mercado da aviação para novas empresas, no início dos anos 1990, e a quebra do monopólio de voos internacionais ampliaram a concorrência, fragmentando a clientela e baixando os preços.

Além da entrada das companhias de "pacotinhos de amendoim", do esvaziamento de voos e da queda dos preços das passagens, o mercado foi tomado por sucessivas crises cambiais. Os atentados de 11 de setembro de 2001 paralisaram o setor e contribuíram para o colapso de tradicionais empresas aéreas, que por muito tempo foram sinônimo de glamour e ostentação.

Carlos de Aquino acompanhava todos esses acontecimentos. Nessa época, trabalhava em uma grande indústria de laticínios, que também sofria os impactos das mudanças econômicas. No auge da crise da Varig, em 2006, mais de 5 mil postos de trabalho foram cortados em um único um dia. Além de amargarem meses de salários atrasados, os milhares de empregados não puderam receber o pagamento de verbas rescisórias, bloqueadas por um plano de recuperação judicial.

Três décadas depois, ainda tramitavam inúmeras ações judiciais, movidas por ex-funcionários. Muitos deles contavam com mais de 20 anos de empresa. Outrora usufruindo de uma estabilidade quase de serviço público, passaram a viver em situação de penúria, sem dinheiro e sem conseguir recolocar-se no mercado. O símbolo do abandono estendeu-se das pessoas às aeronaves, que viraram sucata nos aeroportos do país, comprovando o fim de uma era e a extinção da companhia tantas vezes utilizada por Aquino, outrora um orgulho nacional.

Quanto à aeronave de matrícula PP-VMK do voo 254, sua carcaça ainda repousa na floresta amazônica, em São José do Xingu. Após décadas de desmatamento impulsionado pelo agronegócio, a paisagem do terreno pouco se parece com a do período em que o Varig aterrissou na imensidão verde. Por uma dessas coincidências perturbadoras, os vestígios da tragédia estão localizados a pouco mais de 250 quilômetros de distância dos destroços de outro Boeing 737, que também em um mês de setembro mergulhou para sempre nas profundezas da selva. Tornou-se o segundo maior acidente aéreo da história do país e foi o estopim da transição de um modelo de controle do tráfego aéreo sob comando exclusivo de militares para uma gestão compartilhada com civis. O ano era 2006, quando a aeronave da Gol Linhas Aéreas colidiu no ar com um jato Embraer Legacy, causando a morte das 154 pessoas a bordo do Boeing. Já o Legacy, pilotado por dois norte-americanos, conseguiu pousar em segurança na base aérea de Serra do Cachimbo, que mais uma vez se tornava protagonista de uma catástrofe aérea.

CAPÍTULO 29

# TRINTA ANOS DEPOIS, O VOO QUE NÃO TERMINOU

São 8 horas da manhã do dia 3 de setembro de 2019. Carlos de Aquino acaba de voltar com Dolores do Santuário de Nossa Senhora de Fátima, em Fortaleza, para agradecer aos 30 anos de um renascimento. Acordar cedo para acompanhar a missa é algo habitual para ele, mas, neste dia, ao refletir sobre a vida e pensar na família e na memória de seus pais, sente-se ainda mais abençoado. Ao chegar em casa, pega a pasta de recordações, onde encontra a oração de proteção dada pela mãe, guardada em um papel plastificado. Em seguida, passa no quarto de Giovana e a segura nos braços com todo o cuidado, dando um beijo afetuoso. Sua primeira neta, filha de Juliana, tem apenas 4 meses de vida e passa boa parte do tempo sendo mimada na casa dos avós.

Três décadas após nascer de novo, Aquino vê a renovação acontecer outra vez, por meio de Giovana. Poderia nunca a ter conhecido, mas ela estava ali, em seus braços, como prova da continuidade da vida. Ele levou a pequena até a varanda, para aproveitar a brisa agradável que sopra nessa época do ano e contemplar a visão verde e tranquila do parque. Enquanto ninava a neta, Carlos de Aquino foi tomado por um sentimento de gratidão pela trajetória que construiu. Agarrou a oportunidade de estar presente na rotina da família e construiu um casamento feliz e duradouro, encaminhando bem sua descendência. Rodolfo, terceiro filho de Aquino e Dolores, nasceu 4 anos após o acidente.

Adriana, que naquela época era apenas um bebê, abraçou o ramo de controladoria e auditoria e se mudou para São Paulo. Juliana, a filha mais velha, se formou em Administração e colabora com a mãe na loja de artigos para presentes.

Morando em Fortaleza, capital cearense, desde 2003, o economista ainda preserva seu bigode estilo Charles Bronson, que só tirou duas vezes na vida. Com uma trajetória profissional rica, marcada por décadas de experiência no setor comercial, tomou a decisão de empreender, abrindo sua própria empresa de representação. Esse novo capítulo veio acompanhado de muitos planos e sonhos a serem realizados ao longo dos próximos 30 anos. Como era feliz por ter renascido e ganhado uma segunda chance de redescobrir o mundo! O pensamento o fez viajar para o passado e recordar o destino dos demais sobreviventes, para quem o dia 3 de setembro também nunca será uma data comum. Carlos de Aquino não precisava adivinhar o que estavam fazendo seus companheiros de dias de selva, bastava uma conexão à internet. Deixou a netinha sob os cuidados da esposa e pegou o celular.

Pessoas tão diferentes, ligadas por um evento inesperado, poderiam ter passado pela Terra sem nunca experimentar tecnologias como *smartphones* ou redes sociais. Agora, elas mantêm diálogos entusiasmados em um grupo virtual, criado para manter os laços entre os sobreviventes. Como era de se esperar, a conversa estava movimentada, repleta de mensagens de gratidão e fé e compartilhamento de *links* com reportagens que relembravam o episódio.

Os participantes também rememoravam anedotas e estórias daquelas que não se sabe o limite entre realidade e fantasia. Como o caso do nome de um dos passageiros mortos, que teria figurado na lista de aprovados de um concurso público realizado depois do acidente. Por motivos óbvios, o concurso foi anulado. Outra lenda dizia que Josete, a próspera empreendedora da família Melazo, era envolvida com magia negra e teria viajado a Belém para fazer um despacho. Houve ainda o episódio verídico do desaparecimento de Leti, a cadelinha de Ariadne, que ficou famosa por sobreviver

5 dias no compartimento de cargas do avião. O sequestrador chegou a exigir resgate para a família de Regina e Afonso, mas Leti nunca mais foi encontrada.

Carlos de Aquino tinha seu próprio causo para relatar. Anos depois do acidente, ele se viu novamente ao lado de Gadelha e Meire em um voo para Belém. Por algum motivo, a aeronave precisou sobrevoar o aeroporto diversas vezes, deixando Meire desesperada. Passado o sufoco, ela jurou que nunca mais entraria em um avião com a presença de algum sobrevivente do voo 254 a bordo.

Entre uma memória e outra, o grupo lamentava-se pela tentativa frustrada de organizar uma reunião presencial no marco dos 30 anos. Cogitou-se realizar uma videoconferência, mas isso também só ficou nos planos. Ao longo de três décadas, apenas um único encontro foi promovido, 4 anos após o acidente. O tempo implacável correu rápido, distanciando pessoas e intenções. Aquela comunidade transformou-se em um reflexo das relações humanas, moldadas pela maneira como cada um percebe e reage às circunstâncias e forma opiniões de acordo com seu repertório e ponto de vista.

Isso explicaria o constante entra e sai de integrantes no grupo de mensagens, que atualmente conta com uma dúzia de participantes. Às vezes, os desentendimentos surgem pelos motivos mais prosaicos, tais como pensamentos políticos divergentes. Mas também há situações relacionadas diretamente a traumas e à história dos sobreviventes. Foi assim que se desenrolou o debate acalorado sobre a aceitação de Zille no grupo virtual. Ao final, a maioria decidiu pela inclusão do copiloto. Porém, quando alguém sugeriu que o comandante também fosse adicionado, quase todos os participantes discordaram da ideia. Carlos de Aquino achou aquela decisão pouco coerente e preferiu não tomar partido.

Rita Gasparin, sempre com espírito alegre e a mais atuante no grupo, desde o início prezou pela manutenção dos vínculos. Após o acidente com o voo da Varig, ela e sua irmã Elza deixaram os negócios no Pará e voltaram a morar na terra natal, no interior do Paraná. O destino, contudo, reservou mais um desafio para

Rita. Em 1994, ela sofreu um grave acidente de carro, que deixou dois mortos no outro veículo. Novamente uma sobrevivente, ela resistiu a um traumatismo craniano, mas precisou ser internada, submetendo-se a várias cirurgias. Passou meses em cadeira de rodas. Apesar dos desafios da vida, nunca deixou o bom humor e leva uma vida tranquila com a família em Balneário Camboriú.

Sobre a outra dupla de irmãs inseparáveis que estavam no voo da Varig, Enilde Melo recuperou-se das sequelas físicas, mas parte de sua vida se foi junto com Cleonilde naquele fatídico dia. Cada um encontrou seu próprio caminho para seguir em frente. A jovem Odeane tornou-se evangélica e se dedica a uma organização de serviços sociais no Tocantins. Bruna, a menina que quase perdeu a perna e que foi uma das primeiras a ser resgatada graças à obstinação da mãe, tornou-se bailarina.

Marcionílio, embora não tenha sofrido fraturas, precisou enfrentar um longo tratamento para eliminar as larvas de varejeiras que infestaram sua pele. Na mesma situação, Afonso passou meses sentindo dores de cabeça por conta de vermes incrustados no couro cabeludo.

Reconhecido pelos demais sobreviventes como grande herói da salvação, Afonso era uma pessoa simples e de poucas ambições, que viu seu protagonismo ser revelado aos poucos, por meio do depoimento das testemunhas oculares. Juntamente com a irmã Regina e a sobrinha Ariadne, recebeu 150 mil dólares de indenização da Varig. Com o montante, a família alugou uma residência na Barra da Tijuca, zona nobre do Rio de Janeiro, e desfrutou do dinheiro. Em pouco tempo, os três voltaram para a antiga vida em Imperatriz.

Regina tornou-se cabeleireira, enquanto Ariadne concluiu estudos em Enfermagem. Vivendo de forma modesta, Afonso se mudou para uma cabana na zona rural, isolado da civilização. Quando surgiu a proposta de um encontro em Belém para relembrar os 30 anos do acidente, o mateiro logo dispensou o convite, alegando falta de recursos. Em seguida, decidiu abandonar a comunidade virtual.

Percorrendo um caminho inverso ao de Afonso, que ficou à sombra no início das revelações do acidente, Epaminondas ganhou destaque rapidamente, concedendo várias entrevistas e participando de programas de TV como o porta-voz da história. O engenheiro tornou-se bastante conhecido, candidatou-se a um cargo político no Pará, mas não conseguiu ser eleito. Enquanto isso, o agropecuarista Roberto Régis também enveredou para a carreira política, com mais sucesso. Elegeu-se prefeito de São João do Paraíso, pequena cidade do Maranhão, a mil quilômetros de São Luís. Como sequela do acidente, ficou com mobilidade reduzida em um dos braços.

Já os rins de Maria Delta nunca mais foram os mesmos. Após o resgate, precisou se submeter a sessões de hemodiálise e só saiu do hospital perto do Natal. Mas foi o lavrador Manoel Ribeiro quem passou mais tempo internado: cerca de 4 meses. Enfrentou várias cirurgias para reconstrução do rosto, precisou de enxertos e implantes. A visão ficou para sempre prejudicada. Sendo trabalhador braçal, iletrado, que dependia basicamente do vigor físico para labutar, não conseguiu mais emprego.

Outro sobrevivente que passou por longo e doloroso processo de recuperação foi Fidelis Rocco.

Além dos diversos traumatismos, o advogado teve todas as feridas infeccionadas ou necrosadas pela exposição de 3 dias às larvas de varejeiras, que corroeram todo o osso da testa. Implantou uma prótese craniana e precisou de acompanhamento psicológico.

Duas décadas após o acidente, quando Aquino estava de passagem por Salvador, houve a tentativa de marcar um jantar entre os dois. Fidelis se desculpou pela desistência, revelando que o corpo todo tremia diante da possibilidade do reencontro. Ficou tão traumatizado que não conseguia mais manter qualquer contato com os demais sobreviventes.

A comissária Jacqueline Gouveia recorreu à terapia, mas também não conseguiu superar os traumas psicológicos, sendo considerada inapta para continuar na aviação. Mudou de profissão e tornou-se tradutora. Sua colega, Luciane Morosini, afastou-se para uma licença médica de 8 meses. Retornou ao trabalho e, anos mais tarde, foi promovida a chefe de equipe, até que outro episódio trágico mudou novamente sua vida. Em 1992, quando seguia para casa em seu carro, no Rio de Janeiro, levou um tiro durante uma tentativa de assalto. A bala perfurou o pulmão e atingiu uma vértebra, deixando sequelas que encerraram sua carreira de comissária. Tentou novos rumos na área de Psicologia.

Solange Nunes, chefe das comissárias, foi condecorada semanas após o resgate com a Ordem do Mérito Aeronáutico. Além dela, receberam a honraria os passageiros Afonso, Epaminondas e o médico João Roberto Matos. Flávia Collares, a mais jovem da tripulação, passou por três cirurgias no joelho para recompor tendões e ligamentos, mas não conseguiu recuperar-se totalmente e foi aposentada por invalidez. Além de Zille, Flávia é a única ex-funcionária da Varig que participa do grupo virtual criado pelos sobreviventes.

Carlos de Aquino soube ainda que Josete se tornou missionária. A mulher, que teve uma infância difícil, participou de concursos de beleza e batalhou na vida até construir uma rede de churrascarias, largou tudo após o acidente para se engajar em causas humanitárias. A empresária passou vários meses em cadeira de rodas, por conta das lesões que sofreu, e disse ter sido curada da paralisia por intervenção divina. Publicou um livro sobre sua mudança radical de vida, onde conta que havia feito um pacto com forças do mal na juventude, mas recebeu uma iluminação e se purificou, superando a tragédia de perder parte da família. Liceia Melazo, sua nora e também sobrevivente, recuperou-se dos ferimentos, mas não das marcas emocionais que sofreu. Continua trabalhando nos negócios familiares, em Belém.

Sempre em contato com o xará Carlos Siqueira, que mora em Minas Gerais, Carlos de Aquino troca mensagens diárias de fé e amizade, por meio da tecnologia. Outro amigo de Aquino, Wilson Alencar, que na época do acidente contava com quase 70 anos, faleceu em 2011. Dos demais sobreviventes, o economista não teve mais notícias.

## CAPÍTULO 30

# ENSINAMENTOS DE UM SOBREVIVENTE

Pensar em todas aquelas pessoas e nos rumos que seguiram leva à inevitável reflexão sobre vida e propósito. Cada um ressignificou seus traumas, fossem físicos ou psicológicos, a depender dos valores pessoais, de influências externas, da passagem dos anos e da forma de encarar a vida.

Em sua trajetória, Carlos de Aquino escolheu enxergar as experiências de setembro de 1989 pelo lado positivo, utilizando as lições aprendidas como guias para decisões futuras. Sua filosofia de vida tomou como base aprender com o passado, sem ficar preso a ele. Isso lhe ensinou a nunca desistir e deu coragem para explorar as infinitas possibilidades de cada novo começo.

Após sobreviver a um desastre aéreo, Carlos de Aquino se tornou leitor assíduo de assuntos relacionados ao sentido da vida. Ele guardou na memória um ditado atribuído à sabedoria oriental, que ensina a encarar a mudança tanto como um perigo em potencial quanto como uma oportunidade oculta. Na selva, Aquino e seus companheiros de infortúnio vivenciaram esse ensinamento na prática. Enquanto lutavam contra o tempo, os sobreviventes perceberam que apenas esperar pelo salvamento poderia significar uma sentença de morte. Por isso, organizaram uma expedição arriscada, sem garantias de sucesso, em busca do próprio resgate. O medo do desconhecido, ao contrário de paralisar, mobilizou aquelas pessoas a usarem o limite de suas forças para encarar uma jornada repleta de incertezas.

Essa experiência transformadora demonstra a habilidade humana de se adaptar e encontrar novos caminhos, mesmo em situações adversas. Ensina também que, embora não se possa controlar os acontecimentos, existe a capacidade de escolher como responder a eles. Enxergar no sofrimento a oportunidade de tirar lições valiosas é essencial para enfrentar os desafios de forma proativa e se preparar para as próximas mudanças, mais forte, resiliente e determinado. No fim das contas, quem consegue escapar da morte certa em uma queda de avião e permanecer vivo por 3 dias na selva pode enfrentar o que vier.

A existência é esse mosaico de acasos, de sorte ou azar, tão inevitável quanto o nascer do sol e tão imprevisível quanto um tranquilo dia de domingo alterado pela ausência de uma simples vírgula no plano de voo. Contudo, se situações adversas podem acontecer a qualquer momento, quem se antecipa e aprende com elas pode percorrer a jornada de forma mais tranquila e saudável, inclusive encontrando pessoas como Afonso, capazes de guiar os passos por uma trilha quase invisível.

Ao longo do tortuoso percurso, por mais que se busquem respostas para todas as questões, há momentos em que só resta aceitar e compreender os acontecimentos, para depois transformá-los, superá-los ou simplesmente se adaptar a eles. Este foi o conceito de mudança que Carlos de Aquino criou para si: um processo contínuo, necessário e irreversível, baseado no questionamento do hoje, vislumbrando um novo amanhã, com referências no ontem.

Porém, nem sempre a mudança para a nova realidade ocorre de maneira tranquila e natural. Quando se viu confrontado por uma drástica alteração de curso, Aquino inicialmente nutriu sentimentos de negação e revolta, prevalecendo o desejo de voltar a ser o que era ou de agir como se nada tivesse acontecido. Foi preciso coragem para conseguir caminhar entre os escombros da vida anterior e construir algo novo, para crescer de uma forma que nunca imaginou ser possível.

Não é preciso ser um sobrevivente de acidente aéreo para entender o que Carlos de Aquino sentiu. Quando problemas que só acontecem com os outros batem à porta, surgem diversos pretextos e desculpas para não os enfrentar. Falta de tempo ou de dinheiro, recriminação da sociedade, preconceitos, vaidades e outros tantos obstáculos, sejam eles reais ou imaginários, são exemplos de barreiras que imobilizam e impedem a continuidade da jornada.

Apesar de ser uma certeza, e não uma opção, a mudança costuma gerar resistência, pois a ideia de abandonar a zona de conforto e explorar o território das incertezas parece assustadora à primeira vista. Se uma alteração de rota meticulosamente planejada já é capaz de desencadear ansiedade, aquela que surge sem aviso prévio pode ser aterrorizante. A sensação de previsibilidade, que é fundamental ao instinto de sobrevivência, oferece um cobertor de segurança e conforto. Uma parcela irracional da mente insiste em tentar controlar o futuro e reage mal às incertezas, mesmo sabendo que nem todos os planos acontecerão conforme o esperado.

Paradoxalmente, essa mesma zona de conforto, que deveria ser sinônimo de tranquilidade, pode tornar-se uma fonte de frustração. Isso porque, embora a segurança da rotina seja reconfortante, ela também pode ser uma gaiola que limita o potencial e impede o desenvolvimento pessoal. Desde que nasce, o ser humano é motivado a aprender novas habilidades, expandir horizontes e explorar territórios desconhecidos. No entanto, essa característica tão marcante da infância perde força na vida adulta, quando a incerteza advinda de novas experiências é acompanhada do temor do fracasso e da rejeição.

O desconforto de sair da zona de conforto se intensifica nas situações em que tudo é posto à prova e deixam de existir verdades absolutas ou âncoras para se agarrar. De certa maneira, Carlos de Aquino compara a experiência extrema na selva com o ritmo frenético da vida moderna, a qual exige uma capacidade de adaptação quase sobre-humana diante de um mundo em rápida transformação. Reconhecer o medo e a ansiedade como reações naturais, e aceitar essas emoções como parte do processo de mudança, é o primeiro passo para avançar na jornada com mais compaixão e gentileza para consigo mesmo.

Para Carlos de Aquino, a verdadeira mudança começou quando superou o sentimento de desilusão e impotência, que o levava a questionar o porquê dos acontecimentos ou a procurar culpados, em uma retórica insatisfatória e sem respostas. De maneira semelhante, outros passageiros não se conformavam em ter a vida pilotada pelas mãos de alguém, e apenas reclamavam ou se punham em perigo levantando-se dos assentos, enquanto aguardavam o desfecho do pouso forçado sem se preparar adequadamente.

O outro lado do inconformismo lamurioso é a vitimização paralisante, que aprisiona em um ciclo de dor e impede a busca por soluções. Garcez tomou conhecimento do erro de rota, mas preferiu continuar em um voo cego, incapaz de admitir o novo acontecimento que o ameaçava. Zille, por sua vez, aceitou a mudança tardiamente e passou a tomar atitudes para controlar o avião, marcando um ponto de virada que salvou sua vida.

Os demais membros da tripulação, inexperientes, pareciam despreparados e paralisados diante do desafio de sobreviver na selva. Alguns passageiros também não conseguiram adaptar-se à nova realidade e acabaram pagando com a própria vida, como Shiko Fukuoka, que se recusou a largar sua maleta de dólares e morreu agarrado ao bem material.

Da mesma forma, o Controle de Tráfego Aéreo de Belém tardou em enxergar a real situação de perigo que se vislumbrava, agravada pelo cenário de falta de radares e pela estrutura precária da época. Não percebeu o erro de proa, quando o piloto afirmou estar na posição 270, e custou a reconhecer a situação de emergência. A permissão para pousar em Belém deu ao comandante a convicção de que voava no rumo certo, quando, na realidade, encontrava-se a centenas de quilômetros do aeroporto.

A Aeronáutica, por sua vez, desconsiderou inicialmente os sinais do rádio *beacon* da aeronave, captados pelo Inpe poucas horas após o acidente. A rápida mobilização seria crucial para aumentar as chances de salvar mais vidas.

Um enredo marcado por uma sucessão de acontecimentos aleatórios e convergentes, que, de tão amarrados, pareciam predestinados a ocorrer, tantas foram as situações que levaram à tragédia, pintada em tons melodramáticos. Se fosse uma história de ficção, diriam tratar-se de uma conspiração forçada e surreal, elaborada para mostrar como um pequeno detalhe e a negação do erro podem mudar drasticamente o destino de dezenas de pessoas.

ooo

O tratamento para corrigir as fraturas no braço e no ombro de Aquino foi concluído em São Paulo, onde moravam os irmãos — o médico Sebastião de Aquino e Maria do Rosário. Impossibilitado de colocar pinos nos ossos estraçalhados, o sobrevivente precisou aguardar por alguns meses a capacidade de regeneração natural do organismo. A maior parte dos fragmentos se uniu com o tempo, mas foi necessário reconstruir as articulações. Cerca de 1 ano após o acidente, ele passou por uma cirurgia para enxerto, retirando parte do osso da bacia. Quando removeu o gesso, o traumatologista o examinou e disse que o braço estava um pouco torto, mas que poderia consertar.

— Não! Pode deixar torto mesmo. Não precisa ajeitar nada, não — Aquino já estava mais do que satisfeito com o resultado e só queria retornar para casa.

Ao longo da prolongada e difícil fase de recuperação, embora nem sempre conseguisse, Aquino tentou manter uma atitude otimista e de gratidão diante das adversidades. Com o tempo, a limitação física e as cicatrizes das diversas cirurgias tornaram-se apenas uma distante lembrança. Nunca cogitou tirar qualquer vantagem, alegar sequelas maiores ou reclamar sumiço de pertences. Os dias em que ficou perdido na selva só reforçaram que o maior tesouro não está em bens materiais. Assim como todos os passageiros sobreviventes, recebeu da companhia aérea uma indenização de 50 mil dólares, que considerou justa, e seguiu em frente. O economista fez investimentos financeiros e aplicou parte do valor na compra de um apartamento em Manaus, para onde seria transferido após ser promovido ao cargo de gerente na multinacional de cigarros.

Da tragédia, que trouxe alterações profundas de mentalidade e dos valores mais arraigados, surgiu a oportunidade de um recomeço e crescimento espiritual baseado na busca por equilíbrio. O que antes parecia tão importante passou a ser percebido com os novos olhos de quem aprendeu o valor do invisível. Foi a transformação de um jovem Aquino impetuoso, com a cabeça sempre voltada para o futuro e empenhando em alcançar um rápido crescimento profissional e material, para um homem mais tranquilo e sereno, interessado em apreciar o presente da vida.

Dessa forma, todo amanhecer representa para ele uma chance de explorar novidades, reinventar-se e desenhar um dia mais promissor, ou pelo menos mais divertido. A felicidade está em momentos como apreciar o surgimento da lua cheia na varanda de casa, desfrutando de um vinho tinto com Dolores...

...reunir os amigos na sacada do prédio para um bate-papo descontraído, sem sentir as horas passarem, e encontrar inspiração na mulher amada para declamar poesias ao nascer do sol...

...participar de um concurso de culinária organizado pelo vizinho, elaborar pratos temáticos e se vestir a caráter na noite árabe, ganhando o hilário apelido de "Marraquino"...

...compartilhar a história de vida com o novo casal de amigos, deixando-os fascinados diante de um sobrevivente de acidente aéreo, e ao mesmo tempo apreensivos com a própria viagem de avião que fariam no dia seguinte...

Carlos de Aquino não tem dúvidas de que as melhores coisas da vida são simples, harmoniosas e gratuitas. É abraçar a oportunidade de celebrar todos os dias e acumular experiências enriquecedoras para a construção de uma história mais completa e feliz.

Em tempos de individualismo exacerbado, as pessoas parecem ter cegado ao essencial. A felicidade condicionou-se a uma busca incessante por satisfações efêmeras ou metas inalcançáveis. Nesta época marcada pelo sentimento de solidão e por mentes sempre ocupadas com uma enxurrada de distrações virtuais, viver o presente plenamente nunca foi tão necessário. Para Aquino, os momentos mais preciosos são, indubitavelmente, aqueles vividos ao lado da família e dos amigos, festejando as conquistas, por menores que sejam. Desfrutar da melhor maneira as horas que passam é seu lema para entender o sentido na vida, assim como ter consciência das próprias ambições e limitações, aprender a respeitar e aceitar as fragilidades humanas.

Na jornada para o autoconhecimento, Carlos de Aquino concluiu que a grande mudança ocorreu, de fato, na maneira de enxergar o ser humano. Ele acredita sempre nas pessoas, reconhecendo que cada um tem seu potencial e seu valor único, a despeito de estereótipos culturais que tendem a ressaltar certos padrões de sucesso e a menosprezar outros, especialmente aqueles forjados no conhecimento popular.

Perceber-se como parte de um todo implica entender que ninguém é completamente autossuficiente, insubstituível ou isolado. O sucesso sempre vem como resultado de esforços coletivos. Na selva, somente o trabalho em equipe permitiu aos sobreviventes encontrar e transportar água, um recurso vital para a subsistência. Sem a união e mobilização do grupo, que resultou no contato com a fazenda, talvez nunca tivessem sido localizados, pois o avião estava fora de qualquer rota conhecida, as buscas ocorriam nos mais diversos locais e trotes desorientavam as equipes de salvamento. Encontrá-los era uma tarefa praticamente impossível, como achar uma agulha nas areias do deserto, com o cronômetro da vida acionado em contagem regressiva.

A cooperação e a solidariedade foram cruciais para a sobrevivência de mais pessoas. Na densidão da floresta, Aquino presenciou incessantes atos de auxílio, e até os mais debilitados ofereciam as poucas forças que tinham para aliviar o sofrimento dos outros. Ali, ele assimilou a lição de que a existência só faz sentido quando é vivida em prol de uma causa comum. O bem retorna com o bem, e mesmo aqueles que decepcionam ou magoam são capazes de mostrar um lado bom. Sobreviver inspirou Carlos de Aquino a ajudar, assim como ele foi ajudado por tantas pessoas ao longo da vida.

Ele recorda o caso de uma mãe que, anos depois do acidente, veio agradecê-lo por ter socorrido sua filha na selva. A memória daquele episódio já estava desbotada pelo tempo, mas o sobrevivente sentiu-se imensamente feliz ao ouvir as palavras daquela mãe. Ele foi tomado por um sentimento de gratidão pelo que a sorte lhe proporcionou e por tudo que já realizou, material e espiritualmente. Cada dia acordado e cada conquista alcançada desde que renasceu representa uma dádiva.

O maranhense, filho da devotada Dona Elenir, ainda mantém o hábito de rezar todos os dias, como uma forma de se fortalecer diante dos desafios e de agradecer por estar em segurança com a família, poder comer uma comida gostosa, por não sentir sede nem frio. Seu lado espiritual credita a oportunidade de estar vivo ao cumprimento de uma missão na Terra. O propósito de vida seria compartilhar experiências, transmitir conhecimentos e contribuir de alguma forma para a multiplicação do bem.

No intervalo entre cirurgias e fisioterapias, Carlos de Aquino foi realocado pela empresa em atividades que não exigiam tanto esforço físico, entre elas, ministrar cursos e palestras. Ele gostou tanto da prática que não parou mais, e está sempre disponível para repassar experiências. Sua maior recompensa vem de ajudar os outros, engajar-se em trabalhos sociais e inspirar boas ações, não como um modelo de perfeição, mas sendo alguém que está sempre aprendendo, assim como qualquer ser humano.

Nunca teve pesadelos com o acidente nem desenvolveu ansiedade ou fobia de voar. Ao longo da vida já conheceu diversos lugares do mundo, viajando de avião. As despesas de alguns desses passeios foram pagas pela empresa em que trabalhava, após ganhar prêmios por produtividade. Em uma dessas viagens, durante uma excursão pelo Caribe, encarou um terrível mau tempo em alto mar, enquanto era transportado de bote até um navio de cruzeiro. Ondas gigantescas jogavam água, encharcavam as roupas e ameaçavam virar a pequena embarcação. Enquanto Dolores tremia e rezava com o balanço das ondas, Aquino preferia não pensar no pior, sem se deixar dominar pelo desespero. Havia desfrutado o dia e não se arrependia de ter sido o último do grupo de turistas a embarcar, justo na hora da tempestade.

Depois da tragédia do voo da Varig, poucas coisas o amedrontam. Algo que Aquino também aprendeu foi a não se deixar controlar pelos próprios receios. Afinal, se o acaso sempre bate à porta sem aviso, então por que se preocupar em demasia com tudo? O medo não deixou de existir, mas foi suplantado por algo maior, que não se confunde com imprudência ou inocência. Em todos os momentos na selva, quando a solidão e o pavor o abatiam, ele pensava nas filhas e na vontade de vê-las crescerem. Dessa vontade, surgiu a coragem e uma força interior que o amparou nas horas mais difíceis. Essa mesma força também sustentou Dolores, em seu sofrimento diante da TV. A resiliência se manifesta justamente na capacidade de superação diante de um oceano de dificuldades e incertezas, usando como farol a fé em algo ou alguém. É quando se pensa que não vai mais conseguir, até tirar forças de onde nem imagina.

Trinta anos depois, os detalhes do que viveu e sentiu ainda se fazem presentes, gravados na memória. Aquino não guarda mágoas em relação aos pilotos ou a quem quer que seja, pois o tempo é valioso demais para ser desperdiçado com ressentimentos e pensamentos negativos. Ao contrário, espera que todos tenham encontrado a paz de espírito necessária para evoluir a partir dos erros, que não foram cometidos com a intenção deliberada de matar 12 pessoas, mas ceifaram essas vidas e causaram dor a tantas outras famílias.

O dia 3 de setembro de 1989 não terminou para Carlos de Aquino. Não porque ainda esteja aprisionado no passado, mas porque essa experiência mudou para sempre sua rota. Ela faz parte do seu presente e impele seu futuro a usar bem os créditos que a vida lhe deu, valorizando cada minuto. Afinal, ninguém sabe qual será o dia da última viagem...

Família reunida celebrando a vida.
(Acervo pessoal)

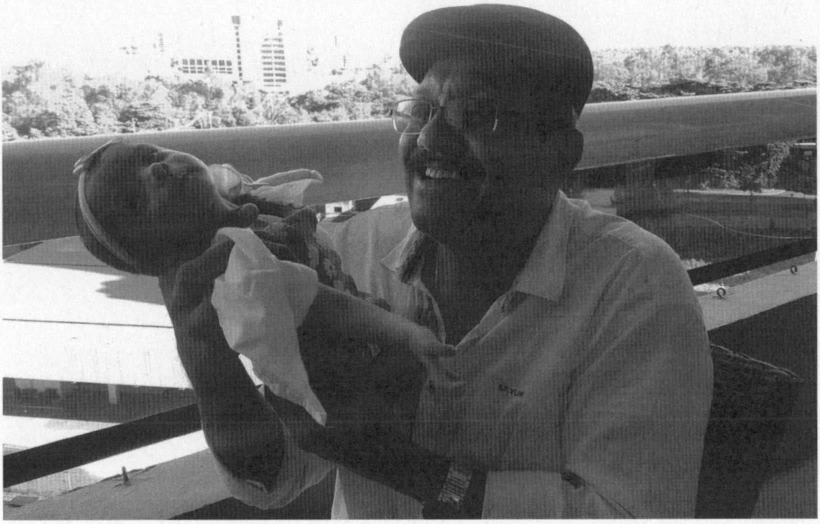

Trinta anos depois do acidente, com a neta Giovana nos braços.
(Acervo pessoal)

# PASSAGEIROS DO VOO VARIG 254

| SOBREVIVENTES |
|---|
| Afonso Saraiva, 19 anos |
| Antônio Farias de Oliveira, 36 anos |
| Ariadne da Silva Ramos, 5 meses |
| Bruna Coimbra Costa, 3 anos |
| Carlos de Aquino Melo Gomes, 27 anos |
| Cézar Augusto Padula Garcez, 32 anos |
| Cleide Souza de Paiva, 18 anos |
| Débora Melazo, 1 ano |
| Elza Gasparin, 32 anos |
| Enilde Nunes de Melo, 59 anos |
| Epaminondas de Sousa Chaves, 36 anos |
| Evandro Azevedo Júnior, 27 anos |
| Fidelis Rocco Sarno, 50 anos |
| Flávia Collares, 22 anos |

| |
|---|
| Giovanni Mariani, 39 anos |
| Jacqueline Gouveia, 23 anos |
| João Roberto Matos, 39 anos |
| José de Jesus Manso, 39 anos |
| José Gomes da Silva, 23 anos |
| José Maria dos Santos Gadelha, 37 anos |
| Josete Fonseca, 53 anos |
| Liceia Melazo, 26 anos |
| Luciane Melo, 22 anos |
| Manoel Ribeiro de Alencar, 39 anos |
| Marcionílio Ramos Pinheiro Filho, 33 anos |
| Maria de Fátima Bezerra Nobrega, 34 anos |
| Maria Delta Martins Cavalcante, 41 anos |
| Marinêz Araújo Coimbra, 25 anos |
| Meire Ponchio, 19 anos |
| Newton Macedo Santos Coelho, 26 anos |
| Nilson de Sousa Zille, 29 anos |
| Odeane (Déa) de Aquino Souza, 19 anos |
| Paulo Sérgio Altieri dos Santos, 33 anos |
| Raimundo Carlos Souza Siqueira, 29 anos |
| Régia Santos Azevedo, 29 anos |

| |
|---|
| Regina Célia Saraiva da Silva, 27 anos |
| Rita de Cássia Gasparin, 30 anos |
| Roberto Régis de Albuquerque, 29 anos |
| Ruth Maria Azevedo Tavares, 32 anos |
| Solange Pereira Nunes, 25 anos |
| Thais Souza de Paiva, 1 ano |
| Wilson Lisboa de Alencar, 67 anos |

## VÍTIMAS FATAIS

| |
|---|
| Antônio José Araújo da Silva, 33 anos |
| Antônio José do Nascimento, 48 anos |
| Bruno Melazo, 1 ano |
| Cleonilde Nunes de Melo, 53 anos |
| Giuseppe Melazo, 3 anos |
| Henrique Santos Antunes Neto, 37 anos |
| Hilma de Freitas Lima, 31 anos |
| José Luís Serrano Brasil, 33 anos |
| Kátia Melazo, 25 anos |
| Marcus Mutran, 21 anos |
| Severina Pereira Leite, 50 anos |
| Shiko Fukuoka, 56 anos |

# REFERÊNCIAS

## ENTREVISTAS

GOMES, Carlos de Aquino. Entrevista concedida a [Karine Holanda], Fortaleza, setembro de 2019.

GOMES, Dolores. Entrevista concedida a [Karine Holanda], Fortaleza, setembro de 2019.

AQUINO, Sebastião de. Entrevista concedida a [Karine Holanda], por videoconferência, dezembro de 2019.

## LIVROS

BORGES, Jonas. *Do manto tenebroso ao manto de luz (biografia de Josete Fonseca).* Belém: Editora Semin, 1999.

CARDOSO, Vitor Alexandre de Freitas; CUKIERMAN, Henrique Luiz. A abordagem sociotécnica na investigação e na prevenção de acidentes aéreos: o caso do voo RG-254. *Revista Brasileira de Saúde Ocupacional*, vol.32, n.115, 2007.

GASPARIN, Rita de Cássia. *Voo 254... Eu sobrevivi.* São Paulo: All Print Editora, 2010.

SANT'ANA, Ivan. *Caixa-Preta:* o relato de três desastres aéreos brasileiros. Rio de Janeiro: Editora Objetiva, 2000.

SILVA, Carlos Ari Cesar Germano da. *O rastro da bruxa:* história da aviação comercial brasileira no século XX através dos seus acidentes. Porto Alegre: Editora EDIPUCRS, 2008. p. 352-360.

ZILLE, Nilson; MORAES, Ivan Wrigg. *Voo sem volta:* a epopeia do voo VRG254. Rio de Janeiro: Esteio Editora, 2015.

## ARQUIVOS E PERIÓDICOS

RELATÓRIO OFICIAL (Cenipa).

JORNAL DO BRASIL. *07 set. 1989.*

JORNAL DO BRASIL. *08 set. 1989.*

JORNAL O LIBERAL. *07 set. 1989.*

JORNAL O LIBERAL. *09 set. 1989.*

JORNAL DA TARDE. *07 dez. 1989.*

## DOCUMENTÁRIOS

(Acessados entre 2019 e 2022)

DISCOVERY CHANNEL. *Catástrofes aéreas.* Episódio 2, Varig 254. 12 nov. 2012.

REDE GLOBO. *Fantástico.* Acidente do voo 254 da Varig. 5 out. 1997. Disponível em: https://globoplay.globo.com/v/6849528/

AQUINO, Carlos de. *Palestra sobre o voo Varig 254 - Parte 1.* Disponível em: https://www.youtube.com/watch?v=aY5uwBY6YDA

AQUINO, Carlos de. *Palestra sobre o voo Varig 254 - Parte 2.* Disponível em: https://www.youtube.com/watch?v=blXalgrdWz0

## OUTROS SITES

(Acessados entre 2019 e 2023)

AEROTCAST. *Voo Varig 254.* Disponível em: http://aerocast.com.br/varig-254/

AEROIN. *Piloto de Airbus A350 mostra compartimento secreto.* Disponível em: https://www.aeroin.net/piloto-airbus-a350-mostra-compartimento-secreto/

AVIÕES E MÚSICAS. *CRM – Crew Resource Management - Parte 1.* Disponível em: http://www.avioesemusicas.com/crm-crew-resource--management-parte-1.html

CAVOK. *Foi há 26 anos: Boeing 737-200 prefixo PP-VMK, voo 254.* Disponível em: http://www.cavok.com.br/blog/foi-ha-26-anos-boeing--737-200-prefixo-pp-vmk-voo-254/

FLIGHT CONSULTORIA. *Qual a diferença entre um comandante e um copiloto?* Disponível em: https://flightconsultoria.com.br/qual-a-diferenca-entre-um-comandante-e-um-copiloto-a-flight-explica/

FOLHA DE S.PAULO. *FSP – Cotidiano.* Disponível em: https://www1.folha.uol.com.br/fsp/cotidian/ff130935.htm

G1. *O que são os rios voadores que distribuem a água da Amazônia.* Disponível em: https://g1.globo.com/natureza/noticia/o-que-sao-os--rios-voadores-que-distribuem-a-agua-da-amazonia.ghtml

G1. *Queda de avião da Varig na selva em 1989 só ocorreu por prepotência, diz copiloto.* Disponível em: https://g1.globo.com/df/distrito-federal/noticia/queda-de-aviao-da-varig-na-selva-em-1989-so-ocorreu-por--prepotencia-diz-copiloto.ghtml

G1. *Bebê que escapou ilesa de acidente da Varig na Amazônia há 30 anos pensou em ser comissária de bordo.* Disponível em: https://g1.globo.com/ma/maranhao/noticia/2019/09/03/bebe-que-escapou-ilesa-de-acidente-da-varig-na-amazonia-ha-30-anos-pensou-em-ser-comissaria-de-bordo.ghtml

BIBLIOTECA NACIONAL. *Memória – 1989.* Disponível em: https://memoria.bn.br/pdf/761036/per761036_1989_22276.pdf

METRÓPOLES. *Penúria: como sobrevivem ex-funcionários de Varig, Vasp e Transbrasil.* Disponível em: https://www.metropoles.com/materias-especiais/penuria-como-sobrevivem-ex-funcionarios-de-varig-vasp-e-transbrasil-2

NATIONAL GEOGRAPHIC BRASIL. *Conheça 4 animais amazônicos que podem ser perigosos para os humanos.* Disponível em: https://www.nationalgeographicbrasil.com/animais/2023/03/conheca-4-animais--amazonicos-que-podem-ser-perigosos-para-os-humanos

FERNANDES, R. *Voo 254 da Varig: o erro do comandante.* Disponível em: http://profrobertofernandes.blogspot.com/2013/03/voo-254-da-varig-o-erro-do-comandante.html

PORTAL DO HOLANDA. *Tipo de banana não comestível pode ser usada como remédio.* Disponível em: https://www.portaldoholanda.com.br/banana-da-selva/tipo-de-banana-nao-comestivel-pode-ser-usada-como-remedio

ÉPOCA. *O GPS e o futuro da aviação.* Disponível em: http://revistaepoca.globo.com/Revista/Epoca/0,,EMI77100-15227,00-O+GPS+E+O+FUTURO+DA+AVIACAO.html

SALVARA VARIG. *Em 1989, passageiros sobreviveram após acidente da Varig.* Disponível em: http://salvaravarig.blogspot.com/2010/12/em-1989-passageiros-sobreviveram-apos.html

TAIADA WEB. *Voo RG254 da Varig: 23 anos do fatídico acidente.* Disponível em: http://www.taiadaweb.com.br/voo-rg254-da-varig-23-anos-do-fatidico-acidente/

WIKIAVES. *Cricrió.* Disponível em: http://www.wikiaves.com.br/wiki/cricrio

WIKIPEDIA. *Voo Varig 254.* Disponível em: https://pt.wikipedia.org/wiki/Voo_Varig_254

AVIÕES E MÚSICAS. *O Voo da Varig RG-254 que se perdeu | Parte 1 | EP. 479.* 2020. Disponível em: https://www.youtube.com/watch?v=dSBvh6By76Y

REDE GLOBO. *Jornal Nacional.* Desaparecimento do voo Varig 254. 4 set. 1989.

YOUTUBE. *Cobertura SBT Varig 254.* Disponível em: https://www.youtube.com/watch?v=6YWbKyAGQW0

FONTE Minion Pro, Noka
PAPEL Pólen Natural 80g/m²
IMPRESSÃO Paym

FSC
www.fsc.org
MISTO
Papel produzido
a partir de
fontes responsáveis
FSC® C133282